KANADA

RESOLUTE

ALASKA

NORDPOL

ALËUTEN

DUTCH
HARBOR

160°

180°

160°

140°

120°

100°

100°

120°

80°

70°

60°

50°

IGARKA

NION

Arved Fuchs

# Arved Fuchs
## Abenteuer
## Russische Arktis

# Arved Fuchs
# Abenteuer Russische Arktis

Kiepenheuer & Witsch

© 1991 by Verlag Kiepenheuer & Witsch, Köln
Alle Rechte vorbehalten.
Kein Teil des Werkes darf in irgendeiner Form
(durch Fotografie, Mikrofilm oder ein anderes Verfahren)
ohne schriftliche Genehmigung des Verlages reproduziert
oder unter Verwendung elektronischer Systeme
verarbeitet, vervielfältigt oder verbreitet werden.
Umschlag: Kalle Giese, Overath
Layout mit QuarkXPress auf Apple Macintosh
Schriften: Times und Franklin Gothic
aus der Linotype Library
Gesamtherstellung: Mohndruck
Graphische Betriebe GmbH, Gütersloh
ISBN 3 462 02125 7

Hiroshi Onishi gewidmet,
der am 16. Oktober 1991
von einer Lawine verschüttet
wurde.

# Inhalt

# Prolog

Die Landschaft, auf die die Männer blickten, sah wüst aus. Verlassenes Land. Wie ein Schlachtfeld lag es vor ihnen, von einem schweren Bombardement zerrissen, von unbändigen Kräften zerstört. Wieder war Stille eingekehrt. Kein Luftzug sang in der Takelage, und die Männer glaubten die Geräuschlosigkeit körperlich zu spüren, sie greifen zu können. Einer von ihnen sog die eisige Luft durch die Nase ein. Es war nicht die gleiche Luft, die er von zu Hause kannte, die nach Blüten, nach Boden und Menschen roch. Diese Luft war fad und ohne Leben. Sie schmeckte wie ein Stück Metall, bitter und kalt. Nirgendwo gab es Anzeichen von Leben inmitten der ineinander verkeilten Packeisfelder. Kein Vogel, kein Polarfuchs oder gar Eisbär durchbrach die Stille. Der Himmel war von bleiernen Wolken verhangen, und nur dort, wo Süden sein mußte, zeichnete sich am Horizont ein leichter pastellfarbener rötlicher Schimmer ab – die Sonne.

Die Szenerie wirkte wie betäubend, und die Männer konnten sich des Eindrucks nicht erwehren, sie seien nur Betrachter eines kolossalen Gemäldes. Dabei wußten sie sehr wohl, daß sie selbst Gefangene dieses Schauspiels waren. Viele von ihnen waren auf allen Weltmeeren zu Hause gewesen, hatten Wirbelstürmen, tropischer Hitze und feindlichen Eingeborenen getrotzt. Aber keiner hatte sich jemals zuvor so einsam und verlassen gefühlt. Dieser Patz war nicht für Menschen geschaffen. Wer diese hohen Breiten betrat, ließ alles hinter sich, was liebenswert und vertraut war. Kein Fehler, der nicht unnachgiebige Strafe nach sich zog. Keine noch so kleine Überlebenshilfe, die die Natur dem Reisenden entgegenbrachte. Ein verbotenes Land, das dem Menschen grausam seine Grenzen aufzeigte und ihn zu verhöhnen schien. Die Stille schien immer unerträglicher zu werden, obgleich gerade sie den Männern eine trügerische Ruhe gewährte – eine Galgenfrist. Dann plötzlich war es wieder da. Ein leichtes singendes Geräusch, das immer mehr anschwoll und so abrupt endete, wie es begonnen hatte. Die zerborstenen Packeisfelder hatten sich nicht verändert, und doch wußten die Seeleute intuitiv, daß dieses Singen die Ouvertüre zum letzten Akt bildete. Nachdenklich blickten einige über das Schiff, das in den letzten Stunden zunehmend eine bedrohliche Schräglage eingenommen hatte. In der Takelage hatten sich lange Fäden wie wallende Bärte aus Rauhreif gebildet. Die Decksplanken waren vereist und rutschig. Es war ein solides, stark gebautes Schiff, und doch wirkte es inmitten der gigantischen Eisschollen wie ein zerbrechliches Spielzeug. Immer näher waren die Preßeisrücken gekommen und drückten das Schiff wie in einem gigantischen Schraubstock zusammen. Die Planken ächzten und stöhnten, bevor sie dröhnend und krachend dem Eisdruck nachgaben. Von zwei gewaltigen Eisschollen in die Zange genommen, brach das Ruderblatt entzwei. Mahlend und brechend zerstörte das Eis unaufhaltsam, worin menschlicher Hochmut glaubte, ein Mittel wider die Natur gefunden zu haben. Längst hatten die Seeleute ihre Habseligkeiten in sicherem Abstand vom Schiff auf ein ebenes Stück Eis gebracht und dort aus Segeltuch ein Zelt gebaut. Die Rettungsboote waren, gefüllt mit Nahrungsmitteln, neben dem Zelt aufgepalt. Auf dem Schiff gab es kaum noch etwas, das Geborgenheit vermittelte, und trotzdem, wie aus alter Gewohnheit, zog es sie immer wieder zurück zu dem Wrack.

Wieder erklang das singende Geräusch, schwoll immer weiter an, um überzugehen in ein Knistern, Krachen und Donnern, und plötzlich begannen die tonnenschweren Eisblöcke, sich weiter auf das Schiff zuzuschieben. Der Schrecken trat den Seeleuten ins Gesicht, ihre Hände krampften sich um die Verschanzung, bis die Knöchel weiß hervortraten. Unmöglich, noch zu unterscheiden, ob das Krachen von den Schiffsplanken oder vom Eis herrührte. »Sie stirbt«, hörte man einen der Männer sagen. Die Tränen, denen sich keiner der 17 Seeleute schämte, waren ihnen an den Wangen gefroren. Es wurde nicht gesprochen, als sie die kurze Strecke zu ihrem Zeltlager gingen. Aus Wrackteilen hatten die Überlebenden sich auf der nahe gelegenen Insel eine Hütte gezimmert, die 10 Meter lang und 6 Meter breit war. Der Überlebenswille war mächtiger als die Furcht vor der arktischen Landschaft, und so taten sie alles, um sich ihr Dasein zu erleichtern. Eine Feuerstelle in der Mitte des Raumes diente zum Kochen und Heizen, ein leeres Weinfaß wurde zu einem Dampfbad umfunktioniert, in dem jeder der Seeleute auf Anordnung des Schiffsarztes einmal die Woche sitzen und schwitzen mußte.

Man hatte Teile der Inneneinrichtung des Schiffes rechtzeitig in Sicherheit gebracht und stattete damit die Hütte aus. Mit getrocknetem Seegras wurden die Fugen gestopft. Die Rettungsboote wurden an Land gezogen, um sie dem Zugriff des Eises zu entziehen. Die Männer versuchten, mit den primitiven Werkzeugen einen Schutzwall um die Hütte zu errichten. Nicht nur den Schnee und Wind sollte dieser Wall abhalten, sondern auch hungrige und neugierige Eisbären, die sich immer mehr von den fremden Gerüchen angezogen fühlten. Schreien und Steinewerfen halfen nur am Anfang, die ungebetenen Besucher abzuwehren. Immer näher kamen sie, und da die Waffen der Männer ungenau waren und das Schwarzpulver nicht mehr taugte, mußten sie sich ihrer Haut mit Bootshaken, Spießen und Knüppeln erwehren. Es gelang ihnen auf diese Art, Bären zu erlegen, und damit waren sie in der Lage, aus dem Bärenfett Öl für ihre Lampen zu gewinnen. So waren sie verhältnismäßig gut gewappnet, als die Sonne endgültig hinter dem Horizont verschwand und die lange kalte Polarnacht begann. In ihrer Heimat hatte man sie aufgegeben.

Im April des folgenden Jahres erwärmte sich das Land, und die zerlumpten und ausgemergelten Männer konnten fassungslos sehen, daß es in dieser ihnen so feindlich gesonnenen Landschaft einen Frühling gab. Offenes Wasser zeigte sich im Eis vor der Küste, und so begannen die Männer ihre Boote für die alles entscheidende Fahrt vorzubereiten.

Am 14. Juni war es endlich soweit. Sie kehrten ihrer Hütte, die sie über den Winter gerettet hatte, den Rücken und zerrten die schwer beladenen Boote über die Preßeisrücken zum offenen Wasser. Ihr Kapitän und Führer kränkelte seit einiger Zeit, und besorgt registrierte die Mannschaft, wie seine Kräfte zusehends schwanden. Sorgfältig hatte er seine Berichte verfaßt und sie wasserdicht verpackt in den Booten verstauen lassen. Sie verließen ihre Insel, die heute Nowaja Semlja genannt wird, und wenn sie schon glaubten, ihr Dasein auf der Insel sei hart und voller Entbehrungen gewesen, so wurden sie jetzt auf ihrer Odyssee eines Schlimmeren belehrt. Ohne Trinkwasser, Wärme oder ausreichenden Proviant wurden sie immer wieder Opfer der Strömungen, des Windes und des Eises. Eisbären schickten sich an, die vermutlich leichte Beute zu erringen, und der Widerstand der Seeleute erlahmte bei zunehmender Dauer der Reise.

Am 77. Breitengrad hatten sie ihre Reise mit den Nußschalen angetreten, am 68. Breitengrad schließlich trafen sie im »Weißen Meer« zufällig auf Landsleute, die mit einem Schiff unterwegs waren, um nach ihnen zu suchen.

Ihre Qual hatte ein Ende gefunden. Drei von ihnen hatten die Fahrt in den offenen Booten mit dem Leben bezahlt, einer von ihnen war der Kapitän und Leiter. Sein Name: Wilhelm Barents aus Holland. Man schrieb das Jahr 1597.

Rund 300 Jahre später landete der norwegische Kapitän Elling Carlsen zufällig an jener Stelle, an der Barents und seine Leute ihr Winterquartier errichtet hatten. Er fand die Hütte nach drei Jahrhunderten in einem guten Zustand. Er brachte eine Fülle von Gegenständen mit nach Hause, unter anderem Reiseberichte, von Wilhelm Barents verfaßt.

Später wurde die Hütte auf Nowaja Semlja demontiert und nach Holland ins Marinemuseum nach Den Haag verfrachtet, wo sie heute zu besichtigen ist.

# Einleitung

Eine Schiffspassage um den Nordpol herum zu finden beschäftigt die Gemüter der Seeleute seit Jahrhunderten. Immer wieder hat es Expeditionen gegeben, die auf der Suche nach einem Seeweg Richtung Osten die lange und gefahrvolle Reise in das Eis des Nordpolarmeeres antraten. Viele von ihnen kamen nicht zurück.

Zwei Passagen standen dabei im Mittelpunkt des Interesses. Die Nordwestpassage entlang der kanadischen Nordküste sowie die Nordostpassage, auch Nördlicher Seeweg genannt, entlang der sibirischen Küste. Als es schließlich erstmalig gelang, diese Routen zu befahren, war die Enttäuschung groß. Es war offensichtlich, daß die Nordrouten aufgrund der extremen Eisverhältnisse keine große Bedeutung für die Handelsschiffahrt erlangen würden.

Erst im Zeitalter des Flugzeuges und riesiger eisbrechender Stahlschiffe rückten die Passagen wieder in den Mittelpunkt des Interesses. Rußland gelang es, mittels bis zu 75000 PS starken atombetriebenen Eisbrechern, Handelsschiffe in Konvois durch die Nordostpassage zu leiten, und derzeit besteht der Plan, diese Route auch Schiffen anderer Nationen zugänglich zu machen. Die Nordwestpassage hat bis heute keine Bedeutung für die Frachtschiffahrt erlangt. Sie wird lediglich von Eisbrechern und gelegentlich von Abenteurern auf kleinen Schiffen passiert. Letzteren gelingt das meist nur aufgrund der Manövrierfähigkeit ihrer kleinen Boote und des Gespürs ihres Skippers. Eis können diese Yachten nicht brechen. Die Faszination, die von den Eismeerpassagen ausgeht, ist deshalb bis heute ungebrochen. Dort ist der Alltag eben noch nicht eingekehrt, dort stößt die allmächtige Zivilisation noch an ihre Grenzen.

Die Expedition ICESAIL hat sich zum Ziel gesetzt, erstmalig beide Routen zusammenhängend zu befahren. Anders ausgedrückt: Sie versucht eine erste Umsegelung des Nordpols. Ein ehrgeiziges Projekt, das nur deshalb Aussichten auf Erfolg hat, weil die Erfahrungen und Erkenntnisse früherer Expeditionen ausgewertet und genutzt wurden und weil sich eine kleine Schar von Experten versammelt hat.

Die Expedition soll innerhalb von drei Jahren abgewickelt werden. Im ersten Jahr werden wir versuchen, die Nordostpassage zu durchfahren. Mitte April 1991 werden wir mit der »Dagmar Aaen« von Hamburg aus Richtung Norden nach Murmansk aufbrechen, um von dort aus unsere Reise anzutreten.

Wir möchten dabei vor allem Kontakt zur einheimischen Bevölkerung aufnehmen, um Einblicke in ihre Lebensgewohnheiten zu gewinnen. Das Erleben der grandiosen Landschaft mit ihrer einzigartigen Tierwelt wird ein weiterer Höhepunkt sein.

1992 wollen wir die Inselwelt der Aleuten bereisen. Diese Inseln sind als »Wiege der Stürme« bekannt und verlangen höchstes seemännisches Können. Auch hier hoffen wir, die Urbevölkerung genauer kennenzulernen und seltenen Tierarten, die für die Aleuten bekannt sind, zu begegnen.

Der dritte Abschnitt unserer Expedition soll im Sommer 1993 durch die Nordwestpassage führen. Wie schon in der Nordostpassage, müssen wir uns auch dort einen Weg durch das Eis suchen.

Es ist nicht der Zweck der Expedition, einen Weg zu erzwingen oder uns als Sieger über die Natur zu fühlen. Die gesamte Crew verfügt über genug Erfahrung, um zu wissen, daß wir ein Teil der Natur sind und uns mit ihr arrangieren müssen. Es soll kein Spektakel werden, sondern es geht um das besondere Erlebnis einer ungewöhnlichen Reise.

Wir alle sind bereit, dafür Entbehrungen auf uns zu nehmen.

ICESAIL – also das letzte große Abenteuer? Ich mag diese Form der Superlative nicht. Sicher eines der ganz großen Abenteuer, sicher aber auch nicht das letzte seiner Art. Ein Abenteuer außerdem, dessen Verantwortung uns bewußt ist: Verantwortung für die Menschen, die es unternehmen, wie für die Menschen, denen wir begegnen werden, und nicht zuletzt Verantwortung für die vergessenen nördlichen Regionen, die ein Reservat der Erde sind.

11

# »Dagmar Aaen«

Die »Dagmar Aaen«
vor dem Umbau
im Jahr 1989.
Das für Fischkutter
charakteristische
Ruderhaus steht
noch an Deck. Bis
zum eistauglichen
Expeditionsschiff ist
es noch ein weiter
Weg.

Der Wunsch nach einem eigenen Schiff verfolgt mich, solange ich denken kann. Jedes Jahr verbrachte ich als Kind mehrere Monate bei meinen Großeltern auf der Insel Sylt, lernte in der Nordsee schwimmen und war der glücklichste Mensch, als mir mein Vater mein erstes aufblasbares Gummiboot schenkte. Dabei blieb es nicht. Es folgten selbstgezimmerte Flöße, die ich auf den heimischen Flüssen mit mehr oder weniger großem Erfolg einsetzte, und wenig später Kanus und Faltboote, mit denen ich schon längere Fahrten unternehmen konnte. Mein Onkel fuhr damals bei der Handelsmarine zur See, und ich kann mich noch gut erinnern, wie ich brennend vor Neugierde seinen Erzählungen lauschte. Für mich stand schon als Junge fest: Wenn du groß bist, fährst du zur See.

Nach der Schulzeit, die ich mehr als Nötigung denn als Fortbildung ansah, bewarb ich mich bei der Handelsmarine um einen Ausbildungsplatz. Ich fand ihn bei der Deutschen Dampfschifffahrtsgesellschaft Hansa. Mein erstes »richtiges« Schiff war ein Schwergutfrachter, die »Sternenfels«. In den folgenden Jahren lernte ich auf verschiedenen Schiffen die Vor- und Nachteile der Seefahrt kennen. Mit zunehmender Modernisierung wurden die Liegezeiten in den Häfen immer kürzer, und manch exotisch klingender Name entpuppte sich als ein trostloser Containerterminal. Ich verstand, daß gerade die Dinge, die für mich die Seefahrt interessant gemacht hatten, im Aussterben begriffen waren. Liegezeiten von wenigen Stunden erlaubten es nicht, einen Bummel durch einen orientalischen Basar oder Reisen ins Hinterland zu machen. Man lebte auf einer Insel aus Stahl, schwitzte sich in den heißen und dröhnenden Maschinenräumen die Seele aus dem Leib und litt unter der Isolation.

Das war nicht mehr meine Seefahrt. So sagte ich mich von der Berufsschiffahrt los und suchte im Abenteuerbereich eine neue Heimat. Doch so unterschiedlich sich die Ziele und Motive meiner Reisen auch darstellten, immer wieder schlug ich den Bogen zurück zur Seefahrt. Mal in Kanus auf reißenden Flüssen in Kanada, ein anderes Mal im Faltboot um Kap Hoorn oder auf einer Segelyacht über den Atlantik. Das »Seefieber« hatte mich gepackt. Aber Schiffe kosten Geld, und meine Ersparnisse reichten gerade für den Kauf eines neuen Kajaks – dann war schon Schluß. Mein Traum war ein Segelschiff, mit dem ich die entlegensten Winkel unseres Planeten erreichen konnte. Irgendwann faßte ich den

**Die »Dagmar Aaen« im Jahre 1931 auf ihrer ersten Fangreise.**

14

Entschluß, diesen Gedanken in die Tat umzusetzen, und begann, darauf hinzuarbeiten. Bei meinem Freund Rainer Neuber, der mich auf den meisten meiner Expeditionen begleitet hatte, fand ich wie immer bei solchen Angelegenheiten ein offenes Ohr. Zwar hatte auch er kein Geld, aber zusammen würden wir es schon meistern. Meine Freundin Brigitte Ellerbrock ging zunächst mit verhaltenem Enthusiasmus an das Vorhaben heran, ließ sich dann aber doch von unserer Begeisterung anstecken.

Ich hatte eine genaue Vorstellung, was für ein Schiff wir brauchten. Es mußte groß genug sein, um mindestens 10 Personen samt Expeditionsgepäck zu beherbergen. Es sollte keine sterile High-Tech-Konstruktion aus Polyester sein, sondern ein traditionelles Segelschiff aus massivem Holz. Die Rumpfform mußte so gestaltet sein, daß das Schiff bei Fahrten im Eis nicht zerdrückt, sondern herausgehebelt würde. Es mußte äußerst seetüchtig sein und durfte außerdem nicht viel Geld kosten.

Rainer und ich fuhren nach England, Holland und Dänemark und klapperten sämtliche Häfen

ab, um uns die zum Verkauf stehenden Schiffe anzusehen. So lernten wir schnell die Bedeutung des Wortes »Seelenverkäufer« kennen. Viele der Schiffe waren nur noch vom Rost zusammengehalten. Andere waren unerschwinglich teuer, wieder andere zu groß oder zu klein. Dann hörte ich das erste Mal von Niels Bach. Niels war Eigner eines 18 Meter langen Segelkutters und angeblich gewillt, sein Schiff für einen angemessenen Preis zu verkaufen. Ich fuhr nach Flensburg, wo das Schiff liegen sollte, und als ich es sah, dachte ich auf Anhieb: Das ist es! Auf den ersten Blick konnte man sehen, daß es sich um einen ehemaligen dänischen Fischkutter handelte.

An der Küste ist dieser Schiffstyp als »Haikutter« bekannt geworden. Die Haikutter sind nach alten Segelschiffrissen gebaut worden, überwiegend für die Nordsee. Die Esbjerger Kutter galten als die solidesten; stämmig aus massiven Eichenplanken gebaut und für den ganzjährigen Einsatz auf der Nordsee bestimmt.

Ich blickte mich um. Vom Eigner war nichts zu sehen. So nutzte ich die Gelegenheit, um mit prüfenden Augen den Zustand des Schiffes zu erfassen. Es sah gut aus. In Gedanken entfernte ich das Ruderhaus, baute neue Niedergänge, wechselte Decksplanken aus und kam zu dem Schluß, daß hier sehr viel Arbeit auf uns wartete. Wieviel Arbeit es werden würde, ahnte ich zu diesem Zeitpunkt glücklicherweise noch nicht. Aus dem »Fährkroog« gegenüber vom Liegeplatz löste sich ein Mann aus dem Eingang und ging zielstrebig mit weit ausholenden Schritten auf mich zu. Er trug eine blaue Latzhose, eine weiße Schirmmütze und dänische Holzpantoffeln. Groß gewachsen, mit angegrautem Vollbart, wachen Augen gab er eine stattliche Erscheinung ab: Niels Bach, der Eigner des Schiffes. Meine Neugierde in bezug auf sein Schiff schien nicht unbedingt sein Wohlgefallen zu finden.

Ich könne mir die »Dagmar Aaen« in Ruhe ansehen, meinte er trotzdem, und ruhig mit einem Messer die Spanten und Planken prüfen. Er selbst habe zu tun und würde dann sicherlich von mir hören.

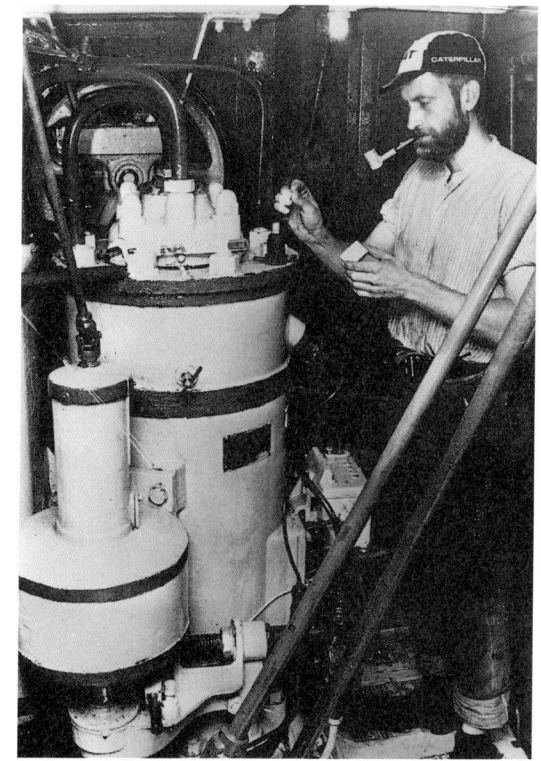

**Niels Bach startet den alten Tuxham-Glühkopfmotor.**

Das war ungewöhnlich! Man läßt einen Fremden gewöhnlich nicht allein auf sein Schiff, und außerdem konnte ich jetzt natürlich ungestört Planken und Spanten auf ihren Zustand hin untersuchen. Nach den Schiffen, die ich mir vorher angesehen hatte, rechnete ich auch hier mit allerlei »Torf«, sollte aber eines Besseren belehrt werden. Das Schiff war kerngesund. Niels Bach wußte also, warum er mich allein und unbeaufsichtigt auf sein Schiff lassen konnte. Hier gab es keine morschen oder rotten Stellen zu verbergen. Ich klopfte mit einem Hammer die Spanten ab. Der harte Klang sagte mir, daß das Holz fest war. Eine Messerklinge, die ich immer wieder in das Holz trieb, blieb nach wenigen Millimetern stecken: eine gesunde Substanz. Ich prägte mir alle Einzelheiten des Schiffes gut ein, machte einige Fotos und hoffte darauf, daß Niels Bach sich von »Dagmar Aaen« zu einem erschwinglichen Preis trennen würde.

Es sollte einige Wochen dauern, bis ich einen Brief von ihm erhielt, in dem er mir mitteilte, daß er sich schweren Herzens entschieden habe, sein Schiff zu verkaufen. Des einen Leid, des anderen Freud!

Wir verabredeten uns zu einer Probefahrt und konnten das Schiff erstmals in Fahrt erleben. Niels – wir duzten uns mittlerweile – entpuppte sich als ein sehr geselliger Mann, der ein akzentfreies Deutsch sprach. Zeit seines Lebens hatte er mit dem Wasser zu tun gehabt. Die »Dagmar« hatte er vor 11 Jahren von einem Fischer in Esbjerg erworben und sie damals umgebaut, um Jugendfahrten auf der Ostsee durchführen zu können. Mittelpunkt des alten Schiffes war ein gewaltiger Einzylinder-Glühkopfmotor aus dem Jahre 1942. Dieser Tuxham-Motor sorgte stets für rege Aufmerksamkeit. Der Startvorgang war kompliziert und nur von Eingeweihten durchzuführen, und wenn der Motor schließlich lief, konnte man jeden einzelnen Takt mitzählen. Das Motorengeräusch klang so, als würde jemand mit der geballten Faust immer wieder auf ein leeres Ölfaß schlagen. Und bei jedem Schlag spuckte der riesige Schornstein einen Ring aus Rauch hervor, wie er gleichmäßiger kaum sein konnte. Wir waren begeistert.

Im dänischen Hafen Bagenkoop schließlich wurde die »Dagmar« auf einem Slipwagen an Land geholt, damit wir auch das Unterwasserschiff gründlich inspizieren konnten. Auch diese Untersuchung fiel zur völligen Zufriedenheit aus. Weitere Probefahrten folgten, und schließlich brachten wir die »Dagmar« nach Glückstadt an die Elbe. Es gab noch eine Reihe formeller Dinge zu klären, bis schließlich auch der Zoll seinen Segen für den Transfer gab. Niels und ich machten einen Kaufvertrag, und das Schiff wechselte seinen Besitzer. Ihm fiel dieser Entschluß sichtlich schwer. Die »Dagmar« war im Laufe der Jahre zu einem Teil seiner selbst geworden, und nur berufliche und private Erwägungen zwangen ihn, das Schiff abzugeben. Schon jetzt hatte sich zwischen ihm und uns eine enge Verbundenheit herausgebildet. Später wurde daraus eine feste Freundschaft.

Es war klar, daß Niels sich stets mit dem Schiff verbunden fühlen würde, und so war ich froh, in ihm einen kompetenten Freund und Fachmann gefunden zu haben, der uns bei den weiteren Umbauten mit Rat und Tat zur Seite stehen würde.

Wir hatten endlich ein Schiff gefunden. Zwar war die alte hellblaue Farbe nicht mehr sehr schön, aber wir wußten ja, daß es unter der Farbe grundsolide war. Helmut Breuer, Chef der Peterswerft in Wewelsfleth, erklärte sich bereit, uns auf dem Werftgelände einen Liegeplatz zur Verfügung zu stellen, wo wir mit den Umbauten beginnen konnten.

Fortan hatte die »Dagmar« einen neuen Heimathafen, von dem aus sie zu neuen Taten aufbrechen sollte.

# Der Umbau

Die Eishaut aus
Aluminium wird im
Trockendock auf-
genagelt. Sie dient
dazu, den Rumpf
vor den messer-
scharfen Eisschollen
zu schützen.
Zusätzlich werden
später Stahlplatten
im Kielbereich und
der Wasserlinie
montiert.

Wie zu erwarten, war der Umbau der »Dagmar Aaen« schwierig. Ja, er gestaltete sich noch viel umfangreicher und aufwendiger, als ich erwartet hatte.

Im Winter 1988/89 begannen wir mit den ersten Abrißarbeiten. Das alte Ruderhaus mußte weichen, weil es beim Segeln hinderlich war und zudem einen enorm hohen Schwerpunkt bildete. Fortan sollte der Rudergänger im Freien stehen und nicht hinter einer schützenden Fensterscheibe. Alte Deckswinden verschwanden ebenso wie die alte Mittschiffseinrichtung. Ein Klo wurde erstmals installiert, Schotten wurden versetzt, und tonnenweise wurde Beton, der als Ballast in der Bilge lag, entfernt. Das Schiff sah in dieser Phase jämmerlich aus, und es schien, als würden wir jeder Abwrackwerft Konkurrenz machen. Unglaublich viele Arbeitsstunden verwendeten wir auf die Erneuerung des Schiffs, und ohne die tatkräftige Hilfe einiger unerschrockener Freunde wäre die »Dagmar Aaen« wohl niemals wieder in See gegangen. Den ganzen Winter hindurch wurde gearbeitet, bis ich mich schließlich im Frühjahr 1989 auf der Nordpol-Expedition für einige Monate von der Arbeit »erholen« durfte. Danach ging es weiter. Die Gruppe der Helfer wurde zum Glück immer größer, und so gelang es uns, die »Dagmar« Anfang August in neuer Gestalt und Farbe wieder in Fahrt zu bringen.

Die erste Fahrt endete mit einem kleinen Desaster.

Voller Zuversicht hatten wir die Leinen losgeworfen und wollten unsere erste Fahrt nach Portugal unternehmen. Weit kamen wir allerdings nicht. Der alte Tuxham-Motor, dem unsere ganze Aufmerksamkeit gegolten hatte, gab vor Cuxhaven seinen Geist auf und blieb stehen. Eine kurze Inspektion ergab, daß das Pleuellager ausgelaufen war. Unter Segeln liefen wir zurück nach Wewelsfleth, um dort den Motor in seine Bestandteile zu zerlegen. Nach einer weiteren Woche harter Arbeit lief zwar der Motor wieder, aber unser Vertrauen in ihn hatte einen Knacks bekommen. Etwas vorgewarnt, starteten wir zum zweiten Mal. Und die rauhe See der Biskaya deckte diesmal gnadenlos Schwach-

punkte in der Schiffssubstanz auf. Zerknirscht mußten wir uns eingestehen, daß wir trotz allem Eifer keine Schiffbauer waren und einige Arbeiten, wie das Kalfatern der Außenhaut, doch besser von Bootsbauern hätten durchführen lassen sollen. Deutlich sahen wir jetzt auch, daß die Mastbeschläge wohl für den Einsatz in der Ostsee ausreichend dimensioniert waren, nicht aber für die hohe See. Ein Baumbeschlag brach bei einer Patenthalse, andere verzogen sich durch die einwirkenden Kräfte der Winde.

Durchfeuchtete Kojen, Seekrankheit und schlechtes Wetter ließen die Moral einiger Crewmitglieder auf den Tiefpunkt sinken. Deshalb wurde das ursprünglich angestrebte Ziel, die Azoren zu erreichen, aufgegeben. Die »Dagmar« kam ein wenig angeschlagen, aber sicher nach Wewelsfleth zurück. Die Reise hatte kostbare Erfahrungen gebracht und die Stärken und Schwächen des Schiffes deutlich aufgezeigt. Die Seetüchtigkeit eines Schiffes testet man eben nicht im Hafen oder auf kurzen Segeltörns, sondern nur im Dauereinsatz auf anspruchsvollen Strecken.

Das Fazit der Reise war folgendes: Mit der »Dagmar« hatten wir ein seetüchtiges Schiff gefunden mit erstaunlich guten Segeleigenschaften. Für eine Polarexpedition bot das Schiff jedoch noch nicht die nötige Sicherheit und Stabilität. Größe, Form und Seetüchtigkeit prädestinierten die »Dagmar« für eine Reise in die nördlichen Gewässer, allerdings würde sie nochmals vollständig umgebaut werden müssen.

Zunächst einmal wurde das Schiff für den Winter in Wewelsfleth aufgelegt, und ich hatte die nächsten Monate Zeit genug, mir Gedanken über Art und Umfang der Umbauten zu machen.

Im Oktober noch brach ich zu der Antarktis-Expedition auf, von der ich erst im März 1990 zurückkommen sollte. Als ich wieder zu Hause war, hatte ich mir längst einen Plan zurechtgelegt: »Dagmar« würde einer intensiven Verjüngungskur unterzogen werden. Es mußte eine traditionelle Holzbootwerft herangezogen werden, die alle Arbeiten fachgerecht durchführen sollte.

Die beiden Dänen Christian Jonsson und Tommi Hansen hatten sich gerade selbstständig gemacht und waren deshalb sehr daran interessiert, den Auftrag zu bekommen. Auch diese Vermittlung kam wie viele andere über Niels zustande, der uns immer wieder mit Rat und Tat zur Seite stand. Im Juni wurde das Schiff nach Egernsund auf die Werft überführt. Es war die letzte Reise mit dem Tuxham-Motor. Schweren Herzens hatte ich mich entschieden, den alten Motor gegen einen neuen auszutauschen, denn den Anforderungen der Expedition wäre er nicht mehr gewachsen gewesen. Ersatzteile gab es ohnehin schon lange nicht mehr dafür, und so war mir das Risiko, mit diesem Veteran auf Weltreise zu gehen, zu groß. Zum Glück gelang es uns, einen würdigen Platz für ihn zu finden. Das Fischereimuseum von Esbjerg war hocherfreut, als Niels dort anfragte, ob Interesse an dem Motor bestünde. Das Museum ließ den Tuxham nach Esbjerg transportieren, im neuen Maschinenhaus aufbauen, und dort soll er fortan als Demonstrationsobjekt laufen. Ein würdiger Abschluß für den alten Motor.

Die Umbauarbeiten übertrafen an Gründlichkeit bei weitem unsere letztjährigen Aktivitäten. Mit Bewunderung sah ich immer wieder den Bootsbauern zu, wie leicht ihnen die Arbeit von den Händen ging. »Dagmar« wurde komplett in ihre Bestandteile zerlegt. Außer dem leeren Rumpf, von dem selbst das Deck und die Decksbalken entfernt wurden, blieb nichts beim alten.

Neue wasserdichte Schotten wurden installiert, Verstärkungen eingebaut, damit der Rumpf auch Eispressungen standhalten konnte.

Ein deutscher Bootsbaumeister, Detlev Löll, überholte derweil das gesamte Rigg, wechselte stehendes und laufendes Gut aus. Mit Argusaugen überwachte er jede der Arbeiten am Rumpf und gab sich nur mit dem Besten zufrieden. Der gesamte Rumpf wurde schließlich mit einer Aluminiumhaut überzogen, um das Holz gegen das Eis zu schützen. Neue Tanks, Ruderanlage, Innenausbau folgten. Ein grundüberholter Drei-Zylinder-Callesen-Diesel mit 180 PS trat an die Stelle des nur 75 PS starken Tuxham-Diesels. Vervollständigt wurde die Maschinenanlage durch eine Schraubenwelle mit Verstellpropeller, ein größeres Ruderblatt sowie eine neue Rudermaschine. Ein neues Deck, neue Niedergänge und eine Inneneinrichtung folgten genauso wie eine komplett neue Elektroinstallation. Obwohl die Arbeiten zügig vorangingen, dauerten sie über sechs Monate. Danach war von der alten »Dagmar Aaen« nicht mehr viel übrig. Im Erscheinungsbild immer noch ein »Altschiff«, tatsächlich aber quasi ein Neubau, bestückt mit modernster Navigationselektronik und höchstem Sicherheitsstandard.

Ein Schiff, in dem man sich nun auch wohl fühlen kann. In jedem Raum sorgt ein gemütlicher Ölofen für Wärme und Geborgenheit. Ein aufwendiges Lenzsystem in Verbindung mit Kollisionsschotten soll das Schiff auch bei Havarien über Wasser halten. Die Bootsbauer, die Mechaniker und der Elektriker hatten ihr Bestes gegeben. Für alle Beteiligten war der Umbau weit mehr als nur ein Auftrag. Vom ersten Tag der Arbeiten an hatte ich den Eindruck, daß sich jeder der Handwerker persönlich verantwortlich fühlte. Das Verhältnis zu ihnen war stets freundschaftlich und voller Vertrauen. Ihnen war es einfach nicht egal, was mit dem Schiff und der Besatzung passieren würde.

Der Umbau hat natürlich viel Geld gekostet. Möglich wurden diese Umbauten erst, als die Firma Gore in das Projekt ICESAIL einstieg und damit auch den finanziellen Rahmen schuf. Gore war mein Wunschpartner. Zum einen hatte ich Gore-Tex-Bekleidung auch auf meinen früheren Expeditionen getragen, zum anderen merkte ich, daß alle Verantwortlichen von Gore sich ungewöhnlich einfühlsam an diesem Projekt beteiligten. Keine Vorgaben über Inhalte oder Zeitabläufe, keine Werbung, die ICESAIL vergewaltigt, sondern eine Firmenphilosophie, die das Unternehmen ICESAIL partnerschaftlich versteht. Ein Zusammenwachsen verschiedener Interessen, aber auf ein Ziel ausgerichtet: ICESAIL so sicher und so erlebnisreich wie möglich zu gestalten. Das Werkzeug dazu, die »Dagmar Aaen«, war uns nun in die Hände gegeben. Jetzt lag es an uns, was wir daraus machten.

# SEGELSCHIFF »DAGMAR AAEN«

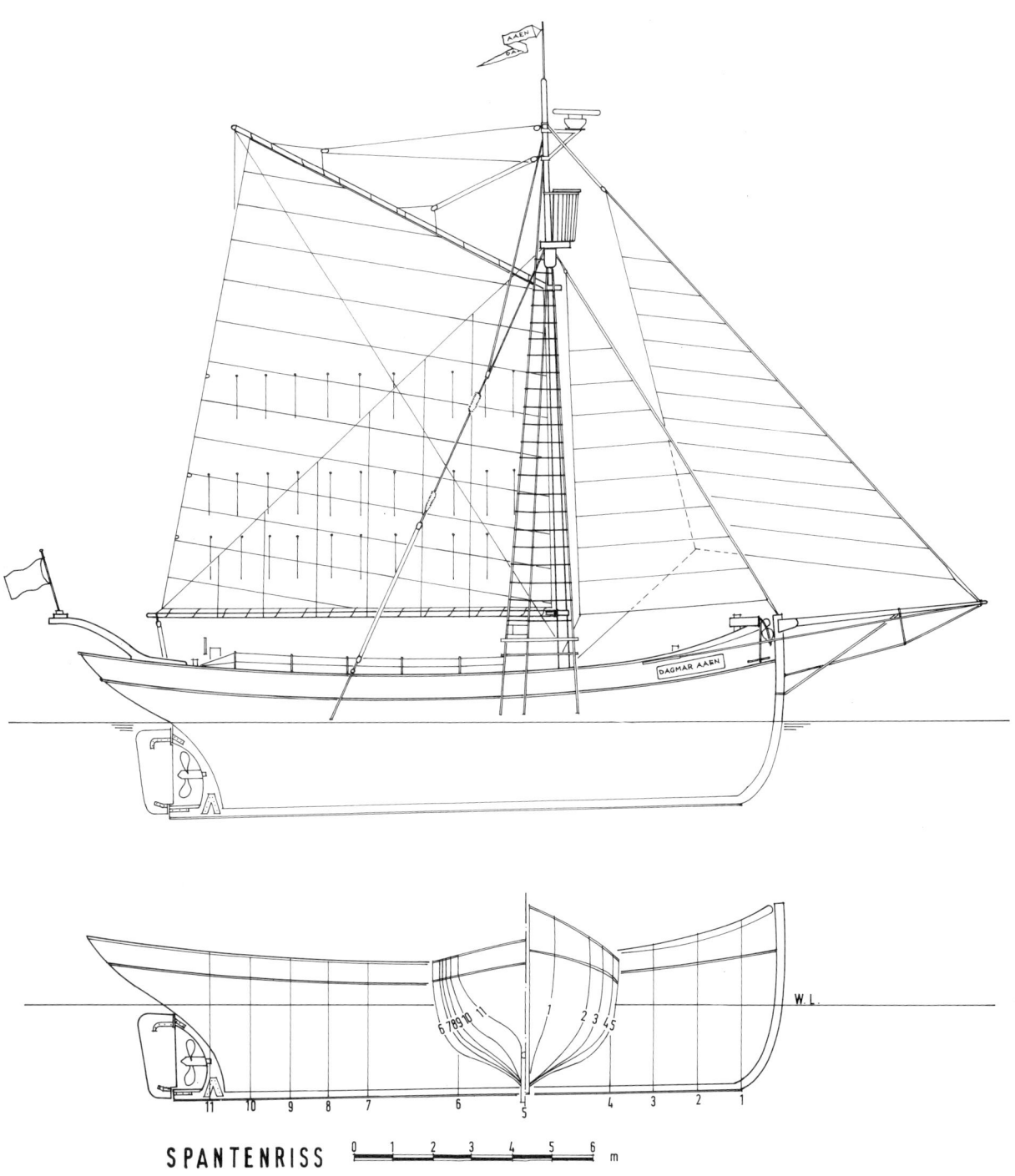

SPANTENRISS

# SEGELSCHIFF »DAGMAR AAEN«

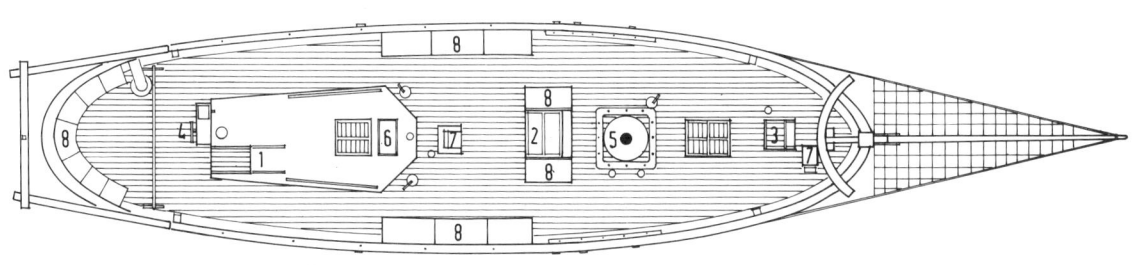

## DECKSPLAN

0 1 2 3 4 5 6 m

1 NIEDERGANG  ACHTERSCHIFF
2 NIEDERGANG  MITTELSCHIFF
3 NIEDERGANG  VORSCHIFF
4 RUDER
5 MAST
6 RETTUNGSINSEL
7 WINDE
8 BACKSKISTE

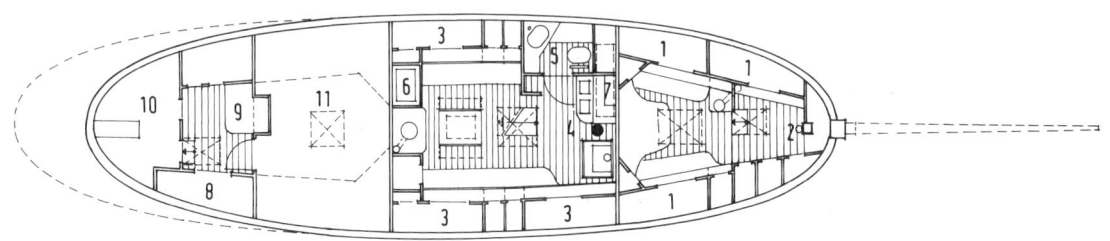

## EINRICHTUNG UNTER DECK

0 1 2 3 4 5 6 m

VORSCHIFF
  1 KOJEN (6 STCK)
  2 ANKERKETTE

MITTELSCHIFF
  3 KOJEN (6 STCK)
  4 KOMBÜSE
  5 WC
  6 FRISCHWASSERTANK
  7 FÄKALIENTANK

ACHTERSCHIFF
  8 KOJE
  9 NAVIGATION, FUNK
  10 STAURAUM
  11 MASCHINENRAUM, TANKS

# Die Organisation

Von der alten »Dagmar Aaen« bleibt nicht viel übrig. Das alte Deck ist abgerissen. Tommi und Christian ziehen neue Decksbalken ein.

Immer wieder ertappte ich mich bei der Frage, wer hier nun wen besitzt, das Schiff mich oder ich das Schiff. Liebhaber von Altschiffen wissen ein Lied davon zu singen. Es gibt bei der Restaurierung eines Altschiffes nur zwei Möglichkeiten: Entweder man wirft seine ganze Energie und auch sein gesamtes Vermögen in das Projekt, um in einem überschaubaren Zeitraum fertig zu werden, oder man puzzelt vor sich hin und wird folglich niemals fertig.

Ich hatte mich für die erste Lösung entschieden. Die »Dagmar Aaen« sollte aber nicht nur restauriert werden, sondern für den Extremeinsatz im Polarmeer konstruktiv verändert werden. Damit wurden die Anforderungen an die Bootsbauer, die Crew und an mein Organisationsgeschick zu einer äußersten Herausforderung. Dagegen machten sich meine früheren Expeditionen eher bescheiden aus. Auch wenn es mitunter ein wenig hektisch geworden war, so hatte ich die anfallende Arbeit doch allein bewältigen können. Damit war es nun vorbei. Ich konnte nicht gleichzeitig die Umbaumaßnahmen leiten, das dafür notwendige Kleingeld verdienen und zugleich die Organisation der Expedition planen. Mir war klar, daß dieses Projekt nur dann funktionieren konnte, wenn ich gute Mitarbeiter hatte, die am richtigen Platz zur richtigen Zeit die richtige Entscheidung trafen. Leute also, auf die ich mich vollkommen verlassen konnte, ohne ihnen dabei satte Gehälter zahlen zu können. Eine effektive Aufgabenverteilung mußte her. Während ich im In- und Ausland mit einer Vortragstournee über die Nord- und Südpolexpedition unterwegs war, lebte Detlev Löll zusammen mit Helfern auf dem Schiff, um die Umbauarbeiten zu leiten und selbst kräftig mitzuwirken. Nur gelegentlich ließ es mein Zeitplan zu, auf eine Stippvisite nach Dänemark zu fahren, um mit eigenen Augen den Fortschritt der Arbeiten zu überwachen. Die Besuche waren meist kurz und deprimierend. Aus der einstmals stolzen »Dagmar« war nach allen Regeln der Kunst ein Wrack geworden. Und dafür bezahlte ich auch noch. Nicht nur ich fragte mich, ob sie wohl jemals wieder unter Segeln die Ozeane durchkreuzen würde, geschweige denn das Nordpolar-

meer. Ich versuchte daraufhin, die Besuche auf ein verträgliches Mindestmaß zu reduzieren.

Das Schiff war aber nur ein Teil des Ganzen. Die Routen- und Expeditionsplanung konnte mir keiner abnehmen. Mit ihr mußte ich mich zwischen den Vortragsauftritten in irgendwelchen Hotelzimmern und gelegentlich auch in meinem Arbeitszimmer zu Hause auseinandersetzen. Die Aufgabenstellung, mit der »Dagmar Aaen« durchs Eis zu fahren, war schon an sich schwierig genug. Als zusätzliches Problem kam hinzu, daß wir als erstes westliches Schiff durch die bis dahin gesperrte Nordostpassage fahren wollten. Damit hatte die Expedition ICESAIL eine politische und wohl auch geschichtliche Dimension erhalten. Ich kann mich noch gut an Axel Czuday erinnern, der vor rund 10 Jahren versucht hatte, mit einer kleinen Segelyacht heimlich durch die Passage zu segeln. Die »Solaris« wurde aber entdeckt, vor Dickson aufgebracht und an Bord eines sowjetischen Frachters wieder zurück nach Norwegen gebracht. Die Russen waren damals ob solcher Dreistigkeit sprachlos, und so ging diese Affäre ohne irgendwelche unangenehmen Konsequenzen für Axel ab.

Der politische Umbruch in der Sowjetunion und insbesondere meine Freundschaft zu dem russischen Arzt Mikhail Malakhov ließen die Idee der Durchsegelung der Nordostpassage neu aufleben. Plötzlich war politisch möglich, worauf kaum jemand zu hoffen gewagt hatte.

Seit Amundsen im Jahr 1918 mit der »Maud« startete, um diesen nördlichen Seeweg zu passieren, war es keiner privaten Yacht mehr gestattet gewesen, dort hindurchzufahren. Jetzt hatte das Tauwetter in den internationalen Beziehungen eine Lockerung der restriktiven Politik bewirkt. Überlegungen, die Passage für die internationale Schiffahrt freizugeben, wurden laut. Eine devisenträchtige Entscheidung, denn selbstverständlich würden diese Schiffe in Konvois und mit Eisbrecherbegleitung gelotst werden. Selbst die Touristenbranche reagierte sofort. Dort bereitete man sich durch den Bau von eisgehenden Passagierschiffen auf eine sensationell neue Route und damit auf ein einträgliches Geschäft vor. Ich wollte mit der »Dagmar

Aaen« als erster dort hindurchfahren, bevor die Touristenströme kamen und bevor die Landschaft und die dort lebenden Menschen sich durch die unaufhaltsamen äußeren Einflüsse verändern würden.

Das Ursprüngliche wollte ich dokumentieren. Duri Mayer, ein Schweizer Kameramann, und sein Assistent Nabil Moghib – beide erfahrene Dokumentarfilmer – würden für den NDR einen mehrteiligen Film drehen. Einen solchen Film zu drehen, ist immer eine zweischneidige Sache. Einerseits weckt man Interesse und damit vielleicht auch Nachahmer, andererseits kann über eine solche Information, die Millionen Zuschauer erreicht, Verständnis für die Menschen und die Natur geschaffen werden. Vielleicht ist der Film der schwierigste Teil der Expedition. Duri und Nabil traute ich diese Aufgabe zu.

Ich war mir bewußt, daß die Nordostpassage nicht nur in navigatorischer Hinsicht eine schwierige Aufgabe sein würde, sondern daß sie uns zugleich vor eine Mauer von organisatorischen Problemen stellen würde. Schon die Kommunikation mit Mikhail war schwierig. Telefonate gingen nur über Voranmeldung beim Fernamt, und bis die Verbindung stand, vergingen mitunter bis zu 10 Stunden. Da wir durch sowjetisches Hoheitsgebiet fahren würden, wollte ich unbedingt, daß Russen an der Reise teilnahmen. Mikhail hatte in seiner Heimatstadt Rjasan eine Organisation namens »Centre Pole« gegründet, die für uns einen russischen Teilnehmer auswählen würde. Außerdem würde »Centre Pole« die Expedition während des Aufenthaltes in der UdSSR logistisch betreuen. Pläne, zwei kleinere sowjetische Schiffe im Verbund mitfahren zu lassen, wurden erwogen und später

**Das Schiff ähnelt während der Umbauphase einem Wrack. Plastikplanen decken den Rumpf ab, damit das neue Deck im Trockenen verlegt werden kann.**

wegen organisatorischer Fragen wieder fallengelassen. Der sowjetische Konsul in Hamburg, Alexander S. Grigorjev, stand uns mit Rat und Tat zur Seite und befürwortete das Projekt sehr wohlwollend.

Die Vorbereitung der Expedition nahm inzwischen derartige Ausmaße an, daß ich überhaupt nicht mehr in der Lage war, die Arbeit allein zu bewältigen. Hier mußte jemand her, der es verstand, zu organisieren, die Fäden zusammenzuhalten und Entscheidungen zu treffen. Ich brauchte ein Büro, das ganztägig besetzt war und mich in der Organisation soweit wie möglich unterstützte. Gerade wenn die Expedition unterwegs sein würde, mußte es einen Ansprechpartner für die Medien und Behörden geben.

Aber auch vorher brauchte ich Hilfe. Mit Holger Hansen hatte ich schon länger zusammengearbeitet, und ich wußte, daß er von der ICESAIL-Idee genauso begeistert war wie ich selbst.

Astrid Eggers und Elke Stappert waren neu zum Team gestoßen und würden, das wußten wir, hervorragende Mitarbeiterinnen werden. In ihrem Büro in der Bramfelder Chaussee in Hamburg ging das Licht nur selten aus. Es gab tausend Dinge zu erledigen. Meine Vortragstermine mußten koordiniert werden, Pressetermine abgesprochen, Manuskripte und Briefe getippt und die schwierige Verbindung mit den Russen aufrechterhalten werden. Es gab endlose Telefonate mit Schiffshändlern, Crewmitgliedern und Vortragsveranstaltern zu führen. Ohne den unermüdlichen Einsatz dieses Triumvirates wäre gar nichts gelaufen.

Je bekannter unsere Expedition in der Öffentlichkeit wurde, um so größer wurde das Interes-

**Detlev Löll übt nicht nur die Bauaufsicht aus sondern fertigt auch das neue Rigg.**

se der Medien. Der Informationsfluß zu den Redaktionen mußte garantiert sein. Es wurden Pressekonferenzen organisiert, Exklusivverträge mit *Sports* und der *Yacht* geschlossen, Absprachen mit Rundfunk- und Fernsehsendern getroffen sowie der Dialog mit dem Sponsor, der Firma Gore, geführt. Wir wollten das Vertrauen, das uns entgegengebracht wurde, rechtfertigen. Astrid Bockstette, zuständig bei Gore für die Expedition und als die zweite Astrid im ICE-SAIL-Team aufgenommen, fieberte, litt und freute sich mit uns gemeinsam.

»Dagmar« würde zwar nur einen Teil der Mannschaft beherbergen können, der an Land gebliebene Teil der Crew würde aber die Geschicke der Expedition in gleichem Maße mitbestimmen. Unter dem Namen ICESAIL hatte sich eine Gruppe von Individualisten versammelt, denen es um mehr ging als nur um die Realisierung eines Auftrages. ICESAIL war für uns zum Synonym für gestalterisches und verantwortungsbewußtes Zusammenwirken geworden. Trotz oder gerade wegen der Unterschiedlichkeit der einzelnen Charaktere stellten wir in eineinhalb Jahren ein Projekt auf die Beine, für das man üblicherweise viele Jahre braucht. Die Expedition hatte damit auch für mich eine völlig neue Dimension bekommen, sie war zu einem regelrechten Unternehmen geworden, und ich mußte mich erst daran gewöhnen, daß ich nicht mehr jede kleine Entscheidung selbst treffen, sondern mich vor allem um die Koordination des Ganzen kümmern mußte. Die Bodenständigkeit und das Einzelgängerische meiner früheren Expeditionsplanungen waren dahin. ICESAIL, dieses Großraumabenteuer, hatte uns alle auf eine andere Etage katapultiert – ob wir wollten oder nicht.

# Die Crew

Die Crew von links nach rechts: Arved Fuchs, Detlef Soitzek, Chris Nelson, Raimer Fuhlendorf, Nabil Ali Moghib, Rainer Neuber, Manfred Horender, Brigitte Ellerbrock, Darryl E. Roberts, Helmut Hammele, Duri Mayer. Slava Melin stieg erst in Murmansk zu und ist deshalb auf diesem Gruppenfoto nicht vertreten.

Viele Skipper werden mir zustimmen: Das Problem, eine geeignete und harmonische Crew zusammenzustellen, ist nicht zu unterschätzen. Schon bei harmlosen Urlaubsfahrten kommt es oft zu Querelen, Streit und Streß, und manche Männerfreundschaft ist dabei auf der Strecke geblieben.

Dabei hat ICESAIL mit einer Urlaubsreise wenig gemeinsam. Abgesehen von den klimatischen Randbedingungen und den zurückzulegenden Distanzen, steht nicht das Segeln als Selbstzweck im Vordergrund. Das Segelschiff ist das Transportmittel, das uns zu den entlegensten Punkten auf dem Globus bringen soll, die in den schwierigsten Gewässern liegen. Das Schiff ist keineswegs nur Sportgerät. Es muß uns Operationsbasis für Tauchgänge, Kajaktouren und Landausflüge sein. Zugleich dient es uns als Schreibstube, Pressebüro und Schaltzentrale. Nebenbei müssen bis zu elf Personen darauf leben und schlafen. Privatsphäre gibt es so gut wie keine.

Auf großen Forschungsschiffen begegnet man diesem Problem nicht. Luxus und ein Freizeitprogramm gehören zum Bordalltag wie sonst nur auf Kreuzfahrtschiffen. Von alledem ist auf der »Dagmar Aaen« nichts vorhanden. Hier geht es spartanisch zu. Kojen, die so eng geschnitten sind, daß man im Schulterschluß und mit Kopf und Füßen bündig an den Schotten anliegt – nichts für Leute, die unter Klaustrophobie leiden! Eine Dusche gibt es nicht. Lediglich ein Waschbecken mit Kaltwasser und daneben ein Pumpklo. Jedem Crewmitglied steht ein kleiner Schapp zur Verfügung, in dem er seine gesamte Habe unterbringen muß. Findet ein Gegenstand keinen Platz mehr darin, muß er es in seiner engen Koje verstauen. Herumliegen darf nichts. Jeden Tag wird reinschiff gemacht, ansonsten würde das Gemeinschaftsleben unerträglich werden.

Der Koch – und nur er – bestimmt, was und wieviel es zu essen gibt. Stauraum ist knapp. Das Schiff ist für 7 Monate und 11 Personen verproviantiert. Jeder kleinste Freiraum im Schiff ist vollgestopft mit Nahrungsmitteln. Der Koch muß stets den Bestand kennen und wissen, wo

was liegt. Einziger Luxus stellt eine kleine Bordbibliothek dar, die von allen Crewmitgliedern eingerichtet worden ist. Entsprechend dem internationalen Charakter der Crew ist auch die »Bücherei« mehrsprachig und interessant.

Schließlich sind nicht nur die räumlichen Umstände auf dem Schiff, unter denen die Expedition stattfindet, extrem. Der Zeitraum ist es auch. Sechs Monate etwa wird der erste Abschnitt dauern – wenn alles gutgeht. Sollte das Schiff vom Eis eingeschlossen werden, müßten einige Mitglieder mit Sicherheit länger an Bord ausharren. Harte Anforderungen an das Durchhaltevermögen jedes einzelnen. Die sogenannten »harten Typen« sind für ein solches Projekt völlig ungeeignet. Zumal sich meist herausstellt, daß sie wohl gegenüber anderen, selten aber gegen sich selbst, die besagte Härte aufbringen. Daß derartige Reisen eine Domäne der Männer sind, ist genauso ein Vorurteil wie die Vorstellung, daß eine Expeditionsmannschft aus lauter Machos besteht. Jeder, der sich einer Expeditionsmannschaft anschließt, muß seine Bereitschaft zur Kooperation mitbringen – die wohl wichtigste Eigenschaft eines guten Expeditionsmitglieds. Toleranz erwarten darf nur der, der seinerseits bereit ist, auf den anderen Rücksicht zu nehmen. Das Leben während einer Expedition läuft im Grunde nach genau den gleichen Spielregeln ab wie unter gemäßigten Verhältnissen zu Hause. Nur die allgemeinen Bedingungen sind extremer.

Entscheidend für die Auswahl der Mannschaft war für mich zunächst die Persönlichkeit des Bewerbers. War er umgänglich und kameradschaftlich? Was für ein Werdegang lag hinter ihm? Konnte er sich in seinen Bedürfnissen drastisch einschränken und trotzdem seiner ihm zugedachten Aufgabe gerecht werden? Hat er daüber hinaus irgendwelche speziellen Qualifikationen? Meist gewinne ich in einem längeren Gespräch einen recht guten Eindruck. Die Trainingsfahrten vervollständigen das Bild. Starke Persönlichkeiten verstärken die Eindrücke dieser Reise, weil sie einen Gedankenaustausch zulassen. Jasager und Opportunisten machen sie hingegen langweilig.

Eine kleine Gruppe von Freunden stand von jeher als Teilnehmer fest:

Rainer Neuber war mein langjähriger Expeditionsbegleiter, und ich freute mich, daß er nach einer Pause wieder mit dabeisein sollte. Ich kenne Rainer seit 1976. Wir studierten beide an der Fachhochschule für Schiffsbetriebstechnik in Flensburg. Gemeinsam war uns nicht nur das Interesse für die Seefahrt, sondern auch die Freude am »Draußenleben«. Er ist ein ruhiger, sehr besonnener Mann, den offenbar nichts aus der Ruhe bringt. Er stellt nach meinem Dafürhalten den Idealtypus eines Expeditionsreisenden dar. Zäh, ausdauernd und mit Übersicht meistert er selbst die schwierigsten Situationen. Er ist jemand, der nicht viel redet, dafür aber handelt. Ob im Faltboot in der stürmischen Kap-Hoorn-See oder auf dem Hundeschlitten im grönländischen Inlandeis, Rainer findet sich blitzschnell in die jeweilige Situation und ist dort zu Hause. Er kann genießen, sei es ein gutes Essen, einen Moment oder eine Reise. Sein Blick ist auf das Wesentliche gerichtet und nicht auf irgendwelchen Schnickschnack. Wir beide haben uns stets sehr gut ergänzt. Wir kommunizieren, ohne viel dabei zu reden, und sind uns meist einig in der Einschätzung schwieriger Situationen. Ihm würde eine maßgebliche Rolle bei der Expedition zufallen. Der gesamte technische Ablauf an Bord untersteht seiner Leitung. Auf ihn – das wußte ich – würde ich mich stützen können und manch eine Entscheidung von seiner Einschätzung abhängig machen.

Für Rainer wird diese Expedition allerdings auch neue Anforderungen stellen. Unsere Expeditionen bestanden meistens aus uns beiden. ICESAIL wartet gleich mit einer ganzen Schar an Teilnehmern auf. Der Umgang mit vielen Menschen auf engem Raum ist für ihn ungewohnt, aber reizvoll. Ich bin schon 1989 während der Nordpol-Expedition mit einer für meine Verhältnisse ungeheuer großen Expeditionsmannschaft konfrontiert worden. Acht Teilnehmer aus sieben verschiedenen Nationen hatten sich damals unter der Leitung des Engländers Robert Swan zusammengefunden und waren gemeinsam zum Pol gelaufen. Die Herausforderung, mit den Leuten klarzukommen, empfand ich damals als mindestens genauso groß und schwierig wie die, zum Nordpol zu gelangen. Diese Erfahrung hat mich geprägt. Seither versuche ich bewußt, verschiedene Leute unter einen Hut zu bringen und scheinbar aussichtslose Dinge zu realisieren, das Gesetz des Unmöglichen zu durchbrechen.

Der Amerikaner Darryl E. Roberts war Mitglied der Nordpolmannschaft und zugleich der jüngste Mensch überhaupt, der jemals zu Fuß den Nordpol erreicht hat. Während der Expedition hatte er sich eine schwere Fußverletzung zugezogen, die ihn aber nicht davon abhielt, unter Einsatz seiner ganzen Willensstärke das Ziel zu erreichen. Das hatte mich beeindruckt und auch seine ruhige und ausgleichende Persönlichkeit. Ein junger Mann, der wie geschaffen dafür war, in einem großen Team unter extremen Verhältnissen mitzuwirken. Darryl selbst möchte ins professionelle Expeditionsgeschehen hineinwachsen. Aus diesem Grund wollte ich, daß er von Anfang an soviel wie möglich von den Vorbereitungen zu ICESAIL mitbekommt. Da ich aus eigener Erfahrung weiß, wie dornenreich der Weg ins Abenteuer der Expedition verlaufen kann, wollte ich ihn an unseren Erfahrungen partizipieren lassen und ihm gleichzeitig durch eigene Publikationen ermöglichen, sich in den USA einen Namen zu schaffen.

Chris Nelson traf ich nach der Durchquerung der Antarktis. Er arbeitete auf der italienischen Terra-Nova-Bay-Station als Hubschrauber-Ingenieur. Obwohl er nur wenig über seine Arbeit redet, ist er in seinem Beruf sehr gut. Ihm unterstand die gesamte Wartung aller Hubschrauber, und es gibt kaum einen Platz auf der Erde, wo Helikopter im extremen Einsatz stehen und Chris nicht dabeigewesen wäre. Er kennt sie alle. Wir fuhren gemeinsam auf dem Forschungsschiff »Barken« aus der Antarktis zurück nach Neuseeland und hatten Zeit genug, miteinander zu reden. Mich beeindruckte die bescheidene, fast schüchterne Art, mit der Chris seine Fähigkeiten zurückhielt. Nur als ich von der bevorstehenden Expedition erzählte, war es vorbei mit seiner Zurückhaltung. Begeisterung blitzte aus seinen Augen und die augenblickliche Bereitschaft mitzumachen. Solche spontanen Zusagen habe ich schon häufig erhalten, ohne daß je etwas danach gekommen wäre. Chris ist aus anderem Holz geschnitzt, und noch bevor wir Christchurch erreichten, war es zwischen uns abgemachte Sache, daß er mit von der Partie sein würde. Zuvor hatte er noch einen etwas außergewöhnlichen Helikopter-Job in Hongkong zu erledigen – sowie eine weitere Saison in der Antarktis. Zwischendurch kam er kurzentschlossen nach Deutschland geflogen, um Ferien zu machen und sich das Schiff anzusehen. Chris ist in Sidney aufgewachsen, gibt als aktuellen Wohnort aber Tasmanien an. Von einer Behausung kann hingegen keine Rede sein. Alles, was er hat, ist ein schönes Stück Land, auf dem er irgendwann einmal ein Haus bauen möchte, sowie ein Container, in dem er sein gesamtes Hab und Gut verstaut hat. Ansonsten lebt er auf der ganzen Welt, ist überall zu Hause. Ein echter Kosmopolit. Aufgrund seines technischen Verständnisses würde er vorrangig im technischen Bereich der Expedition eingesetzt werden und »first of all« in der Fliegerei, denn an Bord der »Dagmar Aaen« ist ein kleines Wasserflugzeug auf Ultralight-Basis. Chris kann dieses Gerät fliegen und warten, und damit wird ihm ein weiterer wichtiger Aufgabenbereich zufallen. Chris besticht nicht nur durch Kompetenz, sondern auch durch charakterliche Stärke und seine stets gutgelaunte Art.

Raimer Fuhlendorf ist Koch von Beruf, und diese Professionalität spürt man, wann immer es darum geht, das Schiff zu verproviantieren oder bei schlechtem Wetter ein heißes Essen auf schwankendem Boden zu fabrizieren. Raimer hat einen ungewöhnlichen Werdegang hinter sich. Wie ich ist er gebürtiger Bad Bramstedter. Seine Familie betreibt eine gut florierende Gastwirtschaft. Dort einzusteigen und den ihm vorgezeichneten Weg zu gehen schien klare Sache zu sein. Nur für Raimer nicht. Gleich nach der Kochlehre zog es ihn von der gesicherten Existenzgrundlage fort. Er arbeitete zunächst in Deutschland an verschiedenen Orten und ging dann – ohne ein Wort Englisch zu sprechen – nach England. Gepackt vom Fernwehbazillus und mit einer gehörigen Portion Abenteurertum behaftet, siedelte er kurze Zeit später nach Kanada um, wo er seither an verschiedenen Orten gewohnt hat. Gerade unlängst hat er sich mit Louise, seiner Frau, ein Haus in Nova Scotia gekauft, in einer wilden und abgelegenen kanadischen Region. Raimer und ich haben immer den Kontakt gehalten. Meist habe ich ihn in gewissen Abständen in Kanada besucht. Sein großer Wunsch, auch einmal mit auf eine Expedition zu gehen, wurde 1986 realisiert, als ich zusammen mit ihm, Rainer Neuber und Detlef Soitzek eine Faltboot-Expedition zu den Aleuten unternahm. Raimer wäre nicht er selbst, wenn er es bei dieser einen Expedition belassen hätte. Zwei Jahre später war er bei der Borneo-Expedition mit Helmut Hammele dabei. Namen, die immer wiederkehren, wenn ich auf Expeditionen gehe.

Detlef Soitzek ist von Beruf Kapitän auf großer Fahrt sowie Sportlehrer. Auch er ist jemand, der sich in kein Schema pressen läßt. Ein Individualist durch und durch. Als Schiffsjunge, gerade 16 Jahre alt, hat er seine Seemannslaufbahn begonnen und sich im Laufe der Jahre zum Kapitän hochgearbeitet. Der Reiz des Unbekannten und die Freude an Natursportarten prägten seine Biographie. Zufällig erfuhr er vor einigen Jahren, daß der Norweger Thor Heyerdahl einen Navigator für seine Tigris-Expedition suchte. Detlef bewarb sich und wurde postwendend engagiert für diese Reise, die bestimmt wurde durch die starke Persönlichkeit eines Thor Heyerdahl und durch den kosmopolitischen Gedanken. Seit über 10 Jahren verbindet mich eine enge Freundschaft mit ihm. Bewundernd hatte ich zugeschaut, wie er zusammen mit seinem Partner Günter Hoffmann aus einem Wrack einen der schönsten deutschen Großsegler aufbaute, der bezeichnenderweise den Namen »Thor Heyerdahl« trägt. Seither unternimmt er unter anderem Jugendfahrten nach dem Outward-Bound-Prinzip. Dabei werden Jugendliche über die Erlebnispädagogik an die Eigenverantwortung herangeführt. Detlefs Qualifikation als Seemann und Expeditionsmitglied spricht für sich. Einen besseren Seemann als ihn hätte ich nirgendwo finden können.

Helmut Hammele war ein Mann der ersten Stunde, als es darum ging, ein Schiff zu suchen, es zu finanzieren und umzubauen. Helmut kenne ich bereits seit 10 Jahren, und neben der gemeinsamen Borneo-Expedition verbinden uns viele andere Erlebnisse. Helmut hat einen etwas ruhelosen Lebenslauf hinter sich. Nach der Schulzeit hat er eine Ausbildung beim Bundesgrenzschutz durchlaufen und sich für die Eliteeinheit GSG 9 qualifiziert. Das festgelegte Beamtendasein war hingegen nicht nach seinem Geschmack. So gab er Job und Sicherheit auf, um eine Lehre als Krankenpfleger zu absolvieren. Danach nochmals ein Ausflug in den öffentlichen Dienst, wo er beim BKA für den Personenschutz eingesetzt wurde. Er kündigte wiederum, machte sich selbstständig und arbeitet heute als Trainer und Ernährungsexperte. Eine Tätigkeit, die ihm immer wieder Zeit für längere Reisen läßt.

Manfred Horender habe ich vor einigen Jahren in seiner Eigenschaft als Journalist kennengelernt. Damals spürte ich, daß sein Interesse an meinen Reisen weit über das berufliche Maß hinausging. Er selbst ist immer ein Reisender gewesen. Er hat verschiedene Berufe ausgeübt und dabei immer sehr auf seine Eigenständigkeit und Unabhängigkeit geachtet. Geboren wurde Manfred in Süddeutschland, wuchs aber in Glückstadt an der Elbe auf. Der damals noch florierende Glückstädter Fischereimarkt faszinierte ihn. Die rauhe, aber offene und direkte Art der Fischer sprach ihn an. In dieser Gesellschaft zierte sich keiner. Die Fischer hatten ein hartes, aber intensives Leben, und diese Art zu leben entsprach Manfreds Vorstellungen. Die Seefahrt zog ihn in ihren Bann. Er kaufte sich eine Segelyacht und unternahm damit eine lange Reise in die Tropen. Die Freude über die Erlebnisse in der Natur blieb aber nicht ungetrübt. Überall wahrzunehmende Umweltzerstörung löste in ihm Betroffenheit aus. Konsequent engagierte er sich zunehmend im Umweltschutz. Als ich die »Dagmar Aaen« übernahm, brachte ich sie zunächst nach Glückstadt. Manfred verfolgte die Pläne mit wachsendem Interesse und half tatkräftig mit, das Schiff umzubauen. Die gemeinsamen Arbeisstunden am Schiff, das anschließende Zusammensitzen beim Bier schweißten zusammen. Gemeinsame Pläne entstanden. Als ich im Mai 1989 in Resolute Bay nach der ICEWALK-Expedition aus dem Flugzeug stieg, das mich samt Expeditionsmannschaft vom Nordpol ausgeflogen hatte, stand Manfred neben meiner Freundin Brigitte auf dem Rollfeld. Er war mit einem Kameramann angereist, um unsere Ankunft zu filmen. Die Geschichte der »Dagmar Aaen« hat er wesentlich mitgestaltet. Als Skipper führte er das Schiff bis nach Portugal, während ich mich auf die Antarktis-Expedition vorbereitete. Auf der ICESAIL-Expedition wird er maßgeblich für die Navigation mitverantwortlich sein, darüber hinaus als erfahrener Taucher die Tauchaktionen leiten und zusätzlich für die Zeitschrift Sports Reportagen über die Reise anfertigen. Er würde sich über Langeweile nicht beklagen können.

Brigitte Ellerbrock, meine Lebensgefährtin, geht nicht das erste Mal auf Expedition. Sie hat bereits an verschiedenen Expeditionen teilgenommen. Unter anderem war sie zusammen mit Rainer Neuber und mir auf einer Faltboot-Expedition in Feuerland, ist Wildwasserflüsse in Kanada gepaddelt und läßt sich auch von den ungewöhnlichsten Situationen nicht schrecken. Sie ist mutig, ohne dabei eine Draufgängerin zu sein. Das Tollste ist vielleicht ihre Begeisterungsfähigkeit und ihr Verständnis für Menschen, die das Außergewöhnliche suchen. Sie ist Architektin und damit eigentlich völlig ausgelastet. Trotzdem plant und organisiert sie diese Expedition mit. Ohne ihren unerschütterlichen Einsatz wären wir längst gestrandet. Gerade unpopuläre Arbeiten bleiben an ihr hängen. Sei es Buchführung, Bildarchivierung oder endlose Telefonate. Niemals habe ich sie ungeduldig erlebt, auch nicht, wenn es darum ging, alte Farbe aus irgendeiner unzugänglichen Schiffsecke zu kratzen. Auf dem Schiff fährt sie als Deckshand. Sie wird auf Wache gehen, Segel setzen und am offenen Ruderstand frieren. So wie alle anderen auch. Und sie wird »ihre Frau stehen«, da bin ich sicher.

**Duri Mayer und Nabil Ali Moghib drehen den Expeditionsfilm für die ARD. Eine Aufgabe, die sie zusätzlich zum Wachdienst leisten müssen. Eine harte Arbeit, die ihnen ruhig und gelassen von der Hand geht.**

ten beschnitten. Es war ihnen zum Beispiel verwehrt, uns bei den Trainingstouren aufs Eis zu begleiten. Ich fragte mich damals immer wieder, wie sie ihren Auftrag unter den Gegebenheiten erfüllen wollten. Nabil und Duri sowie der Kameramann Ulli ließen sich etwas einfallen. Während das britische Kamerateam noch in den Federn lag und wohlig träumte, waren die drei unterwegs und drehten, was immer in ihr Konzept paßte, ohne dabei die ihnen auferlegten Einschränkungen zu verletzen. Wenn wir morgens durchgefroren irgendwo auf dem Packeis aus dem Zelt krochen, waren Duri, Nabil und Ulli schon lange da. Nicht unmittelbar am Zelt, denn da durften sie ja nicht hin. Dafür aber auf einem Berg mit entsprechend langer Brennweite. In der Expeditionsmannschaft stiegen die drei stetig im Ansehen. Während ihre englischen Kollegen nervten und über die Kälte klagten, waren sie vergnügt, sortierten nebenbei für uns Ausrüstungsgegenstände. Sie waren überall, aber nirgends im Weg. Um uns zu akklimatisieren, schliefen wir häufig im Schlafsack am eingeeisten Strand des Eskimodorfes. Auf den Schutz eines Zeltes verzichteten wir bewußt. Das erste, was wir morgens aus unserer eisverkrusteten Kapuze heraus sahen, waren die drei. Mit diebischer Freude hatten sie jeden einzelnen Schnarchlaut von mir aufgezeichnet und unsere etwas zerknitterten Gesichter dokumentiert.

Ihr Film wurde trotz der Beschränkungen mit Abstand besser als der eigentliche Expeditionsfilm. Für mich stand damals fest: Wenn es ein für Expeditionen geeignetes Kamerateam gibt, dann sind es diese drei. Ich erzählte ihnen von meinen Plänen. Sie waren Feuer und Flamme. Nur Ulli, ihm hatte der Einsatz für die nächsten Jahre Kälte genug gebracht, winkte ab. Duri und Nabil waren im wahrsten Sinne des Wortes mit im Boot. Ein Kamerateam, das die gesamte Expedition begleiten würde, ohne dabei ein Fremdkörper zu sein. Es gehört viel Sensibilität und Situationsgespür dazu, um die Crew nicht zu nerven und zu erkennen, wann die Kamera weggelegt werden muß, um an Deck mitzuhelfen. Den beiden traute ich diese schwierige Aufgabe

Duri Mayer und Nabil Ali Moghib kenne ich seit der Nordpol-Expedition 1989. Ich war als einziger Deutscher von dem Engländer Robert Swan zu der Expedition eingeladen worden. Ein britisches Kamerateam war während der Vorbereitungsphase in der Arktis anwesend, um alle unsere Bewegungen auf Zelluloid zu bannen. Duri und Nabil waren mit der gleichen Aufgabe vor Ort, und so kam, was kommen mußte: Die Briten fürchteten um ihre Exklusivität, und Duri und Nabil wurden auf ein geradezu unerträgliches Maß in ihren Möglichkei-

zu. Mit der Teilnahme von Duri und Nabil kamen zwei weitere Nationen in die Expedition. Duri ist Schweizer, Nabil stammt aus Ägypten. Es gibt nicht viele seiner Landsleute, die den Weg ins polare Eis gefunden haben.

Der sowjetische Teilnehmer, Vyacheslav Ivanovich Melin, genannt Slava, ein guter Freund von Misha, kommt ebenso aus Rjasan. Er ist ein erfahrener Funker und kennt die Gewässer der Nordostpassage aufs genaueste, da er lange Jahre dort gearbeitet hat. Seine Erfahrungen sind für uns von enormem Wert. Slava wird ab Murmansk an Bord sein.

Damit war das Team komplett. Auf der Anreise nach Norden würden Detlev Löll, Martina Kurzer und Niels Bach zeitweise stellvertretend für die anderen an Bord sein. Auf diese Weise konnten sie ein wenig die Früchte ihres Arbeitseinsatzes für das Schiff ernten.

Die Mannschaft der »Dagmar Aaen« würde aus einer Vielzahl verschiedener Charaktere und Nationalitäten zusammengesetzt sein. Jeder einzelne ein ausgeprägter Individualist mit einer gehörigen Portion Lebenserfahrung.

Aber etwas verbindet sie alle: Toleranz und Aufgeschlossenheit. Und jeder von ihnen hat auch persönliche Opfer zu bringen, um an der langen Reise teilzunehmen. Deshalb hat auch jeder ein besonderes Interesse, daß diese Expedition ein Erfolg wird.

# Erste Probeschläge

Das Schiff arbeitet
in schwerer See.
Mit der »Dagmar
Aaen« haben wir
ein ausgezeichnetes
Seeschiff gefunden.
Die dänischen Boots-
bauer verstanden
ihr Handwerk.

**Das Tauwerk und die Blöcke sind von einer dicken Eiskruste bedeckt.**

Während ich von Vortragstermin zu Vortragstermin hetzte, Seehandbücher und Routenbeschreibungen alter Polarexpeditionen studierte, eilte in Nybol Nor auf der dänischen Werft die »Dagmar Aaen« ihrer Fertigstellung entgegen. Die Zeit der brutalen Abbrucharbeiten war zu Ende. Ich traute mich wieder aufs Schiff.

Unter der sachkundigen Hand der Schiffbauer war ein neues altes Segelschiff entstanden. Endlich lag wieder ein Deck, die Wellen- und Maschinenanlage war installiert, und Willy Kahl, ein Schiffselektriker aus Glückstadt, begann geschickt, die Kabel zu verlegen. Ein weiterer Bootsbauer machte sich an den Innenausbau, der so funktionell sein mußte, daß 10 Personen samt Ausrüstung und Verpflegung Platz finden und sich trotzdem noch wohl fühlen sollten. Obwohl der Zeitraum für die Umbauarbeiten bewußt großzügig geplant war, lief uns die Zeit davon. Weihnachten hatte ich als Termin festgesetzt, zu dem das Schiff zu ersten Probefahrten bereitstehen sollte. Die kurzen Wintertage und das schlechte Wetter erschwerten jedoch den Handwerkern die Arbeit. Die Wochenenden wurden geopfert, und die Männer arbeiteten, als sollten sie selbst auf Expedition gehen. Und tatsächlich: Der Zeitplan wurde eingehalten. Kurz vor Weihnachten waren die Arbeiten soweit abgeschlossen, daß wir zu ersten Probefahrten in die Ostsee aufbrechen konnten. Zwar

gab es noch tausend Kleinigkeiten, die fertiggestellt werden mußten, aber dabei handelte es sich entweder um kosmetische Dinge oder um zusätzliche Aggregate und Instrumente, die noch installiert werden mußten. Ansonsten war die »Dagmar« wieder seeklar und besser als je zuvor in ihrer langen Laufbahn. Während ihres sechzigjährigen Lebens hatte sie immer wieder Überholungen und Umbauten erfahren. Keiner der Umbauten jedoch war auch nur annähernd so aufwendig wie der letzte. Das Schiff war konstruktiv derart verstärkt worden, daß selbst ein Gutachter, der von der Versicherung bestellt worden war, sich erstaunt äußerte. Schon die Navigationselektronik würde manchen Handelsschiffskapitän vor Neid erblassen lassen. Meinem Grundsatz, niemals ein unkalkulierbares Risiko einzugehen, blieb ich auch hier treu. Die aufwendige und dementsprechend teure Elektronik machte das Schiff sicherer. Alle Einrichtungen waren mehrfach abgesichert oder gleich doppelt an Bord. Dabei fehlten die traditionellen Sextanten ebensowenig wie modernste GPS-Satellitenempfänger, mit deren Hilfe die Position exakt bestimmt werden kann. Die »Dagmar Aaen« stellt eine interessante Symbiose zwischen traditioneller Seemannschaft und High-Tech-Elektronik dar. Das, was getan werden konnte, um dieses Schiff auf eine Polarfahrt vorzubereiten, war getan worden. Trotzdem war aus der »Dagmar« kein Eisbrecher geworden. Sie würde aber, dessen war ich mir sicher, Eisberührungen und auch gewissen Eispressungen standhalten.

Ihre Seetüchtigkeit hatte sie schon lange unter Beweis gestellt.

Zum Abschluß der großen Umbauphase luden wir Christian, Tommi, dessen Vater, der den Innenausbau gefertigt hatte, sowie Ib Christensen, einen weiteren Mitarbeiter, zu einem gemeinsamen Abendessen und Umtrunk an Bord ein. Es war ein feierlicher Moment. Zwar warteten noch viele kleine Detailarbeiten, aber die Hauptaufgabe war getan. Grund genug für eine Zäsur und eine damit verbundene Feier. So viele Menschen hatte der Mittschiffsraum der »Dagmar« lange nicht mehr beherbergt. Der große Dieselherd verströmte Wärme und ein darauf stehender Topf mit Gulaschsuppe einen angenehmen Duft. Obwohl jeder ein bißchen so tat, als sei dies ein ganz normales Zusammensitzen,

merkte man allen Beteiligten eine gewisse Feierlichkeit an. Die Bootsbauer waren stolz auf das, was sie geleistet hatten. Es muß ein tolles Gefühl sein, durch eigenes Geschick ein solches Werk zu vollenden. Andererseits muß es auch schmerzen, plötzlich davon abgenabelt zu werden und zu sehen, wie andere damit von dannen ziehen. Aber soweit war es noch nicht. Wir würden noch manchen Tag in der Werft verbringen, bevor es auf die große Reise ging.

Während sich ein Großteil der Bürger auf den Verzehr einer Weihnachtsgans vorbereitete, versammelten wir uns auf der »Dagmar«, um sie im Flensburger Hafen für eine erste Probefahrt auszurüsten. Die kurzen, kalten Wintertage stellten die realistischen Rahmenbedingungen für diesen Törn. Plötzlich war das Schiff keine Baustel-

**Immer wieder üben wir das »Mann-über-Bord-Manöver«. Während einer von uns im Trockenanzug über Bord springt, müssen die anderen ihn bergen.**

le mehr, sondern wurde von Menschen mit Leben erfüllt. Während es draußen an Deck eisig und ungemütlich war, genossen wir unter Deck die Wärme und Geborgenheit, die von den Öfen ausstrahlte. Lange Listen wurden angefertigt über fehlende Ausrüstungsgegenstände, über Ergänzungen oder Veränderungen im Schiff. Gespräche über etwaige Verbesserungen wurden geführt. Stürmisches Winterwetter gab uns einen Vorgeschmack auf das, was während der Expedition unser täglich Brot sein würde. Den Jahreswechsel verbrachten wir auf der Insel Samsö im kleinen Hafen Kolby Kas. Außer uns gab es keine Gäste, die zu dieser Jahreszeit dorthin gefunden hätten. Überhaupt ernteten wir beim Einlaufen in Häfen meist nur ungläubige Gesichter. Im Winter zu segeln, ist immer noch etwas Unerhörtes. Lediglich die Fischer, die wie wir selbst unterwegs waren, zeigten Verständnis und äußerten sich angetan von unserer »Dagmar«. Ernste Gesichter aber, als wir ihnen bereitwillig erzählten, was wir planten. Es gibt nur wenige Menschen, die die See so gut kennen wie Fischer. Einige reagierten mit Begeisterung, andere mit verhaltener Sorge. Sie erteilten Ratschläge und überflogen immer wieder mit prüfenden Blicken das Schiff. Von ihrer Seite gab es keine Beanstandungen.

Eines Morgens stand ein Fischer an der Pier und überreichte uns eine prall gefüllte Brötchentüte. Statt der erwarteten Brötchen fanden wir eine Karte vor, auf der er uns viel Glück und eine gute Reise wünschte. Darüber hinaus hatte er von jedem Gegenstand, den er für wichtig erachtete, je ein Teil dazugelegt: 1 Knoblauchzehe, 1 Dose Ölsardinen, Toilettenpapier, 1 Zwiebel, Streichhölzer, 1 Kerze, 1 Flasche Wein, Salz, ein Stück Brot sowie eine Packung Präservative – damit wir immer schön gesund blieben …

Bevor wir uns bedanken konnten, war er verschwunden.

Die Anteilnahme, die wir in dieser oder anderer Form zu spüren bekamen, rührte uns an. Schnell machte die Nachricht über unsere bevorstehende Reise an der Küste die Runde. Kaum ein Hafen, wo sich nicht innerhalb kurzer Zeit eine Gruppe Schaulustiger eingefunden hatte. Der Ausguck im Mast verriet das Schiff schon von weitem. Nach jeder Probefahrt ging es zunächst zurück in die Werft nach Nybol Nor.

Tommi und Christian warteten schon gespannt, mit welchen Ergebnissen wir zurückkommen würden. Reklamationen von unserer Seite gab es so gut wie keine. Höchstens noch einige Ergänzungswünsche. Allenfalls den kritischen Blicken Tommis und Christians hielten einige Arbeiten nicht stand. Der Messetisch zeigte kleine Risse und wurde kurzerhand ausgetauscht. Backskisten wurden gebaut und an Deck montiert, damit wir mehr Stauraum für die Ausrüstung hatten. Dabei wurden ausschließlich heimische Hölzer verwendet. Während der gesamten Umbauphase wurde nicht ein Stück Tropenholz verbaut – weder für Decksaufbauten noch für den Innenausbau. Selbst wenn es schiffbaulich einige Argumente geben mag, bestimmte Bootsteile aus Tropenholz zu fertigen, so ist der trostlose Zustand der Tropenwälder Anlaß genug, auf jegliche Verwendung dieser Hölzer zu verzichten. Kein Schiff, keine Expedition ist es wert, die unheilvollen Folgen dieses Raubbaus an der Natur zu rechtfertigen. Die elende Sitte, auf Schiffen Teakholz oder Mahagoni für Schnapsglashalter, Handläufe und Lokusbrillen zu verwenden, ist unverantwortlich. Die Regale der Yachtausrüster sind voll von dem Zeug – weil es offenbar gekauft wird. Es wäre sicher einmal der Mühe wert zu recherchieren, wieviel Tropenhölzer allein in der Bundesrepublik jährlich für den Yachtbau verarbeitet werden. Hoffentlich setzt bei dem Verbraucher bald ein Umdenken ein. Es geht sehr wohl auch ohne Tropenholz. Die »Dagmar Aaen« beweist dies eindrucksvoll. Da die Nachfrage das Angebot regelt, liegt die Verantwortung bei uns selbst.

Ib Christensen montierte die von ihm kunstvoll gefertigten Namensschilder am Bug. Egon Fogtmann, der Werksmeister von Callesen, überprüfte ein weiteres Mal die Maschinenanlage und machte kurz entschlossen eine Wochenendreise, um sicherzugehen, daß der Bordbetrieb reibungslos verläuft.

Detlev Löll, der das gesamte Rigg überarbeitet hatte und derzeit auf einer Bootswerft in Südfrankreich arbeitete, erkundigte sich ständig telefonisch nach dem Vorankommen. Detlev plant zusammen mit Freunden ein eigenes, sehr ehrgeiziges Schiffsprojekt. Ausgangsbasis ist ein ehemaliges Küstenmotorschiff von fast 50 Metern Länge, das innerhalb kürzester Zeit zu einem Dreimaster umgebaut werden soll. Ein Projekt, das es in sich hat und das in ähnlicher Form schon einige Segelschiff-Freaks an den Rand des finanziellen Ruins gebracht hat. Bei Detlev & Co. weiß ich, daß es gelingen wird, und es ist nicht auszuschließen, daß die »Fridtjof Nansen« in absehbarer Zeit zusammen mit der »Dagmar Aaen« einige Projekte gemeinsam durchführen wird.

Die ersten Probeschläge mit der neuen »Dagmar Aaen« waren zu unserer vollen Zufriedenheit verlaufen. Allerdings sollte ihr der eigentliche Test auch noch bevorstehen. Wir hatten uns aber mit dem Schiff angefreundet, Vertrauen gewonnen und sahen der Zukunft gelassen entgegen.

# Letzte Vorbereitungen

Blick aus dem Klüvernetz. Bei schönem Wetter und ruhiger See ein beliebter Aufenthaltsort. Bei Sturm und schwerer See ein gefährlicher Arbeitsplatz.

Während sich bei mir zu Hause Türme an Ausrüstungsgegenständen häuften, trafen Raimer Fuhlendorf aus Kanada und Chris Nelson aus Australien ein. Chris kam unmittelbar aus der Antarktis, wo er eine weitere Saison auf dem Beardmore Gletscher in einem Camp als Hubschraubereningenieur gearbeitet hatte. Raimer machte sich unmittelbar nach seiner Ankunft daran, den Proviant zusammenzustellen.

Vom ersten Moment an merkte ich, daß ich es mit einem Profi zu tun hatte. Nahrungsmittel zusammenzustellen, die für 10 Personen 7 Monate reichen sollen, ist wahrhaftig nicht jedermanns Sache. Erschwerend kam hinzu, daß wir nur begrenzten Proviantraum zur Verfügung hatten, es keinen Kühlschrank an Bord gab und alles nicht viel Geld kosten durfte. Es sollte kein lukullischer Trip werden, aber die Leute mußten nicht nur satt werden, sie sollten auch gesund ernährt werden, und es mußte ihnen schmecken. Mit diesen Vorgaben und einem etwas schlechten Gewissen ließ ich Raimer allein. Ich hörte eine ganze Zeitlang nichts von ihm und dachte schon, er würde verzweifeln, als er eines Tages froh gelaunt wie immer bei mir auftauchte und mir einen fertigen Ernährungsplan präsentierte. Lediglich Helmut hatte ihm dabei beratend zur Seite gestanden, so daß beider Erfahrungen zusammenflossen. Im Alleingang begann er, Müsli für über ein halbes Jahr zu fertigen. Ein Spezialrezept, das er schon auf der Aleuten-Expedition eingesetzt hatte, schien ihm besser als das handelsübliche zu sein. Wenn er zum Einkaufen ging, fuhr er mit einem Jeep samt Anhänger vor. Hin und wieder besuchte ich ihn in seinem Warenlager und fürchtete stets, einen entnervten Raimer vorzufinden. Aber weit gefehlt.

Obwohl er nebenbei als Koch arbeitete, war er gut gelaunt, spielte »das bißchen Essen« herunter und war im übrigen unverdrossen dabei, abzuwiegen und zu verpacken. Jede Tüte Mehl wurde portionsweise für je ein Brot abgewo-

**Der Einrichtungs-Decksplan des Expeditionsschiffes »Dagmar Aaen«:**

1 Obere »Schrank«-Kojen
2 Untere »Schrank«-Kojen
3 Eßtisch im Mannschaftslogis
4 Stauraum unter Sitzbänken
5 Wandschränke
6 Toilettenraum mit Pumpklo
7 Kombüse mit Spüle
8 Herd mit Abzugshaube
9 Sitzbänke mit Stauraum
10 Messetisch
11 Maschinenraum
12 Navigationstisch mit Radargerät
13 Kapitänskoje
14 Last (Stauraum)
15 Werkbank

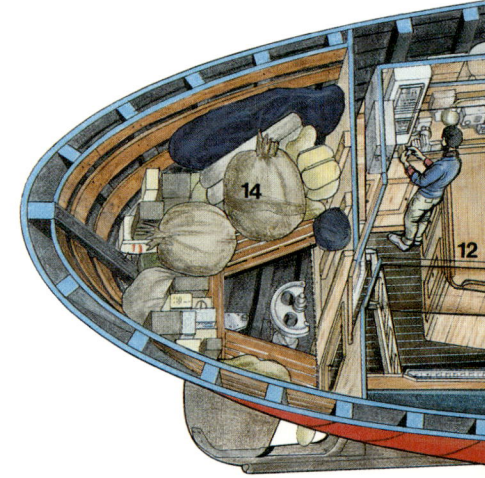

**Die »Dagmar Aaen« nach dem Umbau zum Expeditionsschiff.**

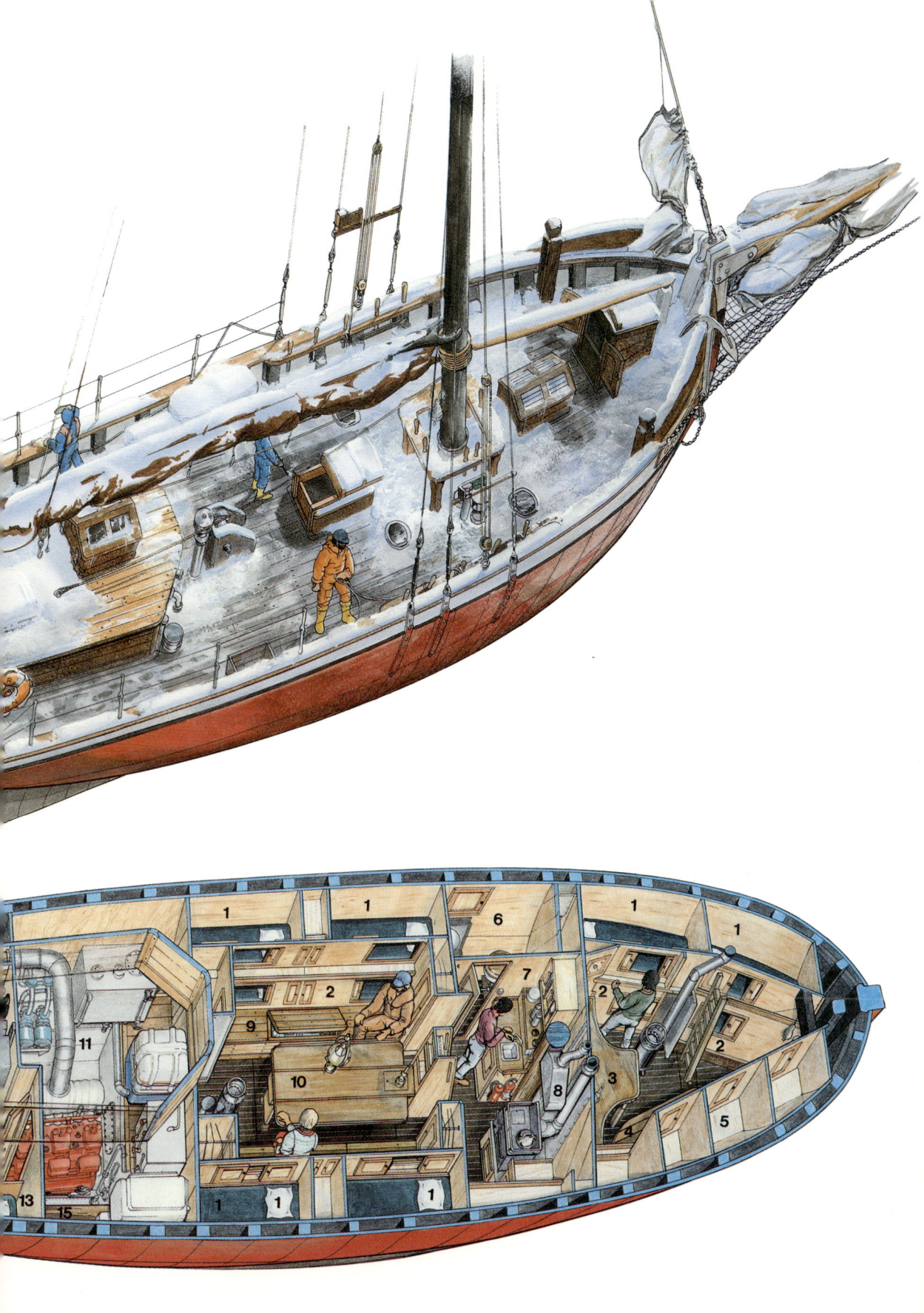

gen und vakuumverpackt. Insgesamt 200 Kilogramm. Karl-Heinz Zarp, ein Bäcker aus Bad Bramstedt, hatte ihm seine Öfen zur Verfügung gestellt, so daß Raimer, während andere schliefen, Unmengen von Müsli backen konnte. Dabei röstete er zunächst Haferflocken, Sonnenblumenkerne, Aprikosen und Cashewkerne, mischte diese Zutaten nach dem Abkühlen mit Milchpulver und röstete sie nochmals unter Zugabe von Honig. Danach wurde alles vakuumverpackt.

Josef Metzmacher lieferte wie immer bei meinen Expeditionen das Pemikan (eine Mischung aus getrocknetem Fleisch, ausgelassenem Fett, Gemüse und Beeren), während Herr Schultheiss wie schon bei der Antarktis-Expedition seine gefriergetrocknete Trekkingmahlzeiten zusammenstellte. Wie jemand in diesem Chaos den Überblick behalten und dabei noch ganz ruhig bleiben konnte, bewunderte ich. Ruck, zuck, wie es schien, hatte Raimer alles fertig und wartete nur darauf, den Proviant auf dem Schiff verstauen zu können. Soweit war es allerdings noch nicht.

Chris hatte zusammen mit Manfred eine Reise nach Italien angetreten. Am Lago Maggiore trafen sie mit einem Hersteller von Ultralight-Flugzeugen zusammen, um sich einen speziellen Typ anzusehen. Chris, der ein erfahrener Drachenflieger ist, hatte in Australien von einem Miniatur-Wasserflugzeug erfahren, das in Italien gebaut wird. Es dauerte eine ganze Weile, bis es ihm gelang, den Hersteller in einem kleinen Ort aufzutreiben. Sie verabredeten sich kurz entschlossen zu einem Probeflug.

Als ich einige Tage später Manfred und Chris wiedertraf, leuchteten ihre Augen immer noch. »Das müssen wir haben, es ist wie geschaffen für unsere Expedition«, begrüßten sie mich, ein Ausspruch, den ich von beiden immer wieder zu hören bekam. Ihr Bericht und die Fotos überzeugten auch mich. Es war schon ein unglaubliches Gerät: ein Schlauchboot, ausgestattet mit einem demontierbaren Gerüst und Tragflächen sowie Motor. Das war die »Polaris«. Das Schlauchboot konnte ohne Tragflächen, aber mit Rahmen und Propeller als

ungeheuer schnelles Boot selbst im extremen Sumpf- und Flachwassergebiet eingesetzt oder einfach mit einem Außenborder betrieben werden. Das Fliegen bereitete Chris großes Vergnügen. Zudem handelte es sich um einen Zweisitzer, der sich samt Schlauchboot nach kürzester Anlaufzeit aus dem Wasser erhob und schnell an Höhe gewann.

Obwohl der Expeditionsetat bereits arg strapaziert war, kaufte ich ein Exemplar. Das Flugzeug würde uns in die Lage versetzen, vom Schiff aus zu starten, um Eisfelder auszukundschaften. Eine Gefahr bei Fahrten ins Eis besteht darin, daß man vom Schiff aus nicht immer abschätzen kann, ob es sich um vereinzelte Eisfelder oder um eine bedrohliche Packeisdecke handelt. Das Schiff könnte eingeschlossen, manövrierunfähig werden und womöglich Schaden nehmen. Mit der »Polaris« wären wir in der Lage, weiträumig die Eisfelder abzufliegen und dann eine Entscheidung zu treffen. Zu ICESAIL gesellte sich jetzt auch noch ICEFLY.

Um das Sortiment voll zu machen, hatte Manfred in der Zwischenzeit eine professionelle Tauchausrüstung für vier Personen zusammengestellt. Dazu gehörten Trockentauchanzüge, Vollgesichtsmasken, ein Atemluftkompressor, Flaschen, Rettungswesten, Tauchcomputer und was sonst noch alles erforderlich ist, um im Polarmeer zu tauchen. Wir wollten uns nicht nur auf und über dem Wasser, sondern auch unter Wasser bewegen – also auch noch ICEDIVE.

Rainer hatte in unserem privaten Fundus zwei Faltboote herausgesucht und überholt. Sie würden ebenso die Reise nach Norden antreten wie eine Ski- und Bergausrüstung. Zelte und ein zerlegbarer Schlitten ergänzten die Outdoor-Ausrüstung.

Währenddessen waren Duri und Nabil nicht untätig gewesen. Sie tauchten während der Umbauphase immer wieder unverhofft mit der Kamera auf und hatten jeden Bauabschnitt festgehalten. Als sie mir jetzt mitteilten, wie umfangreich ihre Ausrüstung sein würde, begann ich mir ernsthaft Sorgen zu machen, wie wir Ausrüstung, Proviant, Brennstoff und was sonst noch alles anfiel auf dem Schiff unterbringen sollten. Eine ganze Koje fiel Duri und Nabil als Stauraum für die Filmausrüstung zu. Dazu gehörten mehrere Kameragehäuse, eine Unterwasserkamera, Tonmaschinen und tausend Dinge, von denen ich nichts verstand.

Nabils Bruder Amon, der als Sanitäter in einem Notarztwagen fährt, unterrichtete uns in »Erster Hilfe«. Doch damit nicht genug. Er beschaffte uns einen komplett ausgerüsteten Notarztkoffer. Dr. Reinhold, ein befreundeter Arzt, stellte wie immer bei meinen Reisen die Bordapotheke zusammen, ein weiterer großer Koffer. Rainer, der für den technischen Bereich zuständig war, schleppte kistenweise Werkzeuge an. Wir würden vollkommen autark sein und nahezu alle Reparaturen selbst durchführen können. Über Schraubenschlüssel in jeder verfügbaren Größe bis hin zu sämtlichen elektrischen Werkzeuggeräten war mittlerweile alles an Hilfsmitteln für Reparaturen vertreten. Zwei Kettensägen, um gegebenenfalls das Schiff im Packeis freizusägen, und Schweißgeräte, um Rohrleitungen oder Metallkonstruktionen zu reparieren, vervollständigten die Werkzeugabteilung. Rund 4600 Liter Diesel würden in den Tanks lagern. Zusätzlich bunkerten wir Petroleum für die Lampen, Schmieröl für den Motor und Fett für Pumpen und Stevenrohr. Unser Frischwassertank hat hingegen nur ein Volumen von 450 Litern. Damit würden wir bei 10, manchmal 11 Personen nicht weit reichen. Aus diesem Grund installierte Rainer einen Seewasseraufbereiter, der nach dem umgekehrten Osmoseprinzip aus Seewasser Frischwasser erzeugt. Und zwar bis zu 1500 Liter pro Tag.

Ich weiß nicht, ob schon jemals zuvor soviel Ausrüstung auf einem so kleinen Schiff untergebracht worden ist. Die elektronische Ausrüstung war zusätzlich um Radar sowie eine Kurzwellen-Seefunkanlage erweitert worden. Über einen Laptop samt Telexmodul würden wir während der Expedition Telefaxe sowie Telexe weltweit versenden und empfangen können.

Für das Seewetteramt würden wir meteorologische Beobachtungen durchführen. Survivalanzüge aus Gore-Tex, eine eigens für die Polarfahrten ausgerüstete Rettungsinsel mit Handfunkgeräten, tragbaren GPS-Empfängern und jede Menge Seenotraketen vervollständigten das Notpaket.

»Wenn all das Zeug an Bord ist, bleibt für uns kein Platz mehr«, hörte ich Rainer sagen. Mir kam es genauso vor. Das Schiff würde gut ausgerüstet sein, wenn wir Deutschland verließen. Es wurde Zeit, daß dieser Termin näher rückte, denn mittlerweile hatte ich jeden Pfennig, den ich besaß, in das Projekt gesteckt. Ich war wieder einmal pleite, aber zufrieden dabei und freute mich, daß eine so spannende und gut vorbereitete Reise auf uns wartete.

# Auf den Punkt fit sein

Die Arbeiten auf dem nassen Deck werden durch die heftigen Schiffsbewegungen erschwert.
»Eine Hand für das Schiff und eine Hand für den Mann« lautet eine alte Regel.

Während einer weiteren Trainingsfahrt hatten wir das Schiff härter rangenommen. Waren ausgelaufen, wenn die Fischer wegen schlechten Wetters im Hafen blieben, und schonten weder uns noch das Material. Knapp zwei Wochen waren wir auf der winterlichen Ostsee unterwegs, und mittlerweile hatte sich schon so etwas wie Bordroutine ausgebreitet. Der Reiz des absolut Neuen war ein wenig verflogen, und das war gut so. »Dagmar« war uns wieder zu einer guten Bekannten geworden, Kinderkrankheiten, durch den Umbau bedingt, waren abgestellt worden, und das Schiff wurde uns langsam zum zweiten Zuhause. Diese Entwicklung war ungemein wichtig. Wenn wir in wenigen Wochen von der Elbe aus starten würden, mußte jeder wissen, wo er hingehörte bzw. wo jeder einzelne Gegenstand seinen Platz hatte. »Dagmar« begann sich langsam eine Patina zuzulegen. Sie entwickelte sich wieder zu einem Gebrauchs- und Arbeitsschiff. Die letzte große Probe stand ihr allerdings noch bevor: Ich wollte das Schiff unbedingt im Eis testen, um zu sehen, ob noch eventuelle latente Schwachpunkte vorhanden waren. Schwächen in der Schiffsstruktur fallen einem nicht an der Pier auf, sondern nur im Einsatz. Alles Theoretisieren half nichts – das Schiff mußte ins Eis.

Von Kiel segelten wir zunächst nach Sonderburg, wo Tommi und Christian an Bord kamen, um einige Backskisten zu bringen und einen Hitzeschild zwischen Mast und Herd zu montieren. Es hatte sich gezeigt, daß der Dieselherd die Hitze derart großzügig verteilte, daß der Mast in diesem Bereich zu warm wurde. Dieses Problem war also auch gelöst. Am nächsten Tag ging es weiter. Ohne Zwischenstopp segelten wir nach Skagen und bei stürmischen Wetter übers Skagerrak Richtung Norwegen. Morgens früh beim ersten Tageslicht ließ der Sturm nach, die Sonne trat hervor, und wir liefen in einen winterlichen Oslofjord ein: Die großartige Kulisse gab uns einen Vorgeschmack auf das, was uns später entlang der norwegischen Küste erwarten würde. Ein Besuch in Oslo, der Stadt, die so berühmte Schiffe wie »Fram« und »Gjöa« von Nansen bzw. Amundsen beherbergt, war

eingeplant. Obwohl das Fram-Museum im Winter geschlossen hat, öffnete man uns bereitwillig die Türen.

Zuvor waren wir mit »Dagmar« am Museumsanleger längsseits gegangen, unmittelbar neben der »Gjöa«, die dort an Land aufgestellt worden ist. Für uns war das ein spannender Moment. Immer wieder hatten wir die alten Reiseberichte der »Fram« und der »Gjöa« gelesen. Mit der »Gjöa« hatte Amundsen als erster Mensch die Nordwestpassage durchsegelt. Sie ist ein Schiff, das viele Ähnlichkeiten mit der »Dagmar« hat. Auch die »Gjöa« war ursprünglich für den Fischereieinsatz gebaut worden. Amundsen hatte sie für seine Zwecke umbauen lassen, und viele seiner bewährten Ideen fanden Berücksichtigung beim Umbau der »Dagmar Aaen«.

Die Museumsleitung gestattete uns großzügig, das ansonsten für die Öffentlichkeit gesperrte Schiff zu betreten und genauer in Augenschein zu nehmen. Viel war nicht mehr von der ursprünglichen Substanz vorhanden. Lange hatte die Gjöa in San Francisco gelegen, bevor sie an Bord eines Frachters nach Oslo kam und neu aufgebaut wurde. Der Zahn der Zeit hatte heftig an ihr genagt. Jetzt ist sie allerdings äußerlich wiederhergestellt.

Während wir auf dem Deck der »Gjöa« herumturnten, lag unter uns in wenigen Metern Entfernung die »Dagmar«, ausgerüstet für eine Polarfahrt, solide, vertrauenerweckend und ästhetisch anzusehen.

Auf einmal überkam mich ein heftiges Gefühl. Die gesamte Vorbereitungszeit von ICESAIL fiel von mir ab, der ganze Streß. Wenn ich jemals unsicher gewesen sein sollte – es war wie weggeblasen. Ich wußte plötzlich völlig klar und deutlich: Wir werden es schaffen. ICESAIL wird gelingen.

Ein Generationswechsel unter den Schiffen hat stattgefunden. Wenngleich beide Schiffe traditionelle Seemanschaft verlangten, so ist die »Dagmar Aaen« doch gleichzeitig nach neuesten technischen Gesichtspunkten ausgerüstet. Sie verfügt über eine Maschinenanlage, an die Amundsen in seinen kühnsten Träumen nicht zu denken gewagt hatte. Moderne Gore-Tex-

Kleidung hatte die geölte Baumwollkleidung und Robbenhäute abgelöst. Elektronische Chronografen, Loran, Transit und GPS-Empfänger waren gegen altmodische Chronometer und Sextanten ausgewechselt worden. Stilbruch? Unsinn! Amundsen wäre der erste gewesen, der diese Materialien eingesetzt hätte. Die von ihm verwendete Ausrüstung stellte in seiner Zeit das Nonplusultra dar. Daß die moderne Ausrüstung das Reisen leichter macht, ist bei einer solchen Unternehmung von untergeordneter Bedeutung. Was zählt, ist, daß sie sie sicherer macht.

Ganz anders hingegen die »Fram«. Nicht nur im Größenvergleich. Sie wurde von dem berühmtesten aller Bootsbauer, dem Norweger Colin Archer, im Auftrage Fridtjof Nansens in Larvik gebaut. Das Schiff hat eine beispiellose Geschichte hinter sich. Erstmals wurde sie von Nansen auf der Polardrift eingesetzt. Dabei folgte Nansen ein gutes Stück der sibi-rischen Küste, fuhr dann Richtung Norden, bis das Schiff einfror. Dann ließ er sich mit dem Eis driften. Um den enormen Eisdrücken während dieser Drift standzuhalten, hatte Colin Archer das Schiff so stabil wie zuvor kein anderes gebaut. Die tragische »Jeanette«-Expedition unter Leitung des Amerikaners DeLong war Nansen und Archer ein warnendes Beispiel. DeLong und viele seiner Männer hatten den Versuch, das Polarbecken mit der »Jeanette« zu durchqueren, mit dem Schiff und ihrem Leben bezahlt.

Die »Fram« hingegen war so solide gebaut, daß selbst die ärgsten Eispressungen ihr nichts anhaben konnten. Das Schiff beendete unversehrt die

Die »Dagmar Aaen« hat ein traditionelles Gaffelrigg. Segelmanöver erfordern »All Hands« und eine Menge Muskelkraft.

Drift und kehrte nach Norwegen zurück. Andere Expeditionen wurden mit ihr durchgeführt, bis schließlich Amundsen das Schiff von Nansen bekam, um damit die spektakuläre Südpol-Expedition durchzuführen. Nachdem sie in späteren Jahren dem Verfall preisgegeben war, besannen sich die Norweger noch rechtzeitig und restaurierten sie von Grund auf. Heute hat man ein Gebäude um sie herum errichtet. Der Besucher bekommt hier einen einzigartigen Einblick in die Geschichte der Polarexpeditionen.

Besonders herzlich empfangen wurden wir von Thor Heyerdahl junior. Er leitet das Kon-Tiki-Museum, das in unmittelbarer Nachbarschaft zum Fram-Museum steht. Detlef Soitzek und er kennen sich durch die Tigris-Expedition, an der Detlef teilgenommen hatte. Thor Heyerdahl senior, nach wie vor von ruhelosem Forscherdrang getrieben, hielt sich derzeit gerade in Peru auf. Sein Sohn führte uns durch das Museum und erstattete uns später an Bord der »Dagmar Aaen« einen Gegenbesuch. Ein großer Ausklang für unseren Oslo-Besuch. An Bord der »Dagmar Aaen«, die neben der »Gjöa« vertäut lag, der Sohn einer Forscherpersönlichkeit, deren Name sich unter die großen Namen von Amundsen und Nansen einreiht.

Solche Menschen, die nicht nur große Leistungen vollbrachten, sondern darüber hinaus im menschlichen Bereich »groß« waren, bringt die Welt leider nur sehr selten hervor.

Unter vollen Segeln verließen wir den Hafen von Oslo und nahmen Kurs auf den Drammsfjord. Dort würden wir auf Eis treffen, und damit nahte die Stunde der Wahrheit. Der Fjord hat einen relativ großen Süßwasseranteil, der von Flüssen hervorgerufen wird, die in ihn münden. Deshalb wies er eine hohe Eisdichte auf, während die anderen Fjorde eisfrei waren. Im Fjord gibt es eine Engstelle, die wir bei Dunkelheit nicht mehr passieren wollten. Wir legten uns deshalb in einer Bucht vor Anker, um am nächsten Morgen weiterzufahren und uns dem Eis zu stellen.

Doch das Eis holte uns schneller ein, als wir glaubten. Von heftigen Stößen aufgeschreckt, stürmten wir an Deck, um zu sehen, was vorgefallen war. Ausgedehnte Eisfelder waren durch die Enge getrieben worden und trafen bei einem Strom von etwa drei Knoten Geschwindigkeit auf die vor Anker liegende »Dagmar«. Es ging die ganze Nacht so. Immer wieder wurde das Schiff von heftigen Stößen erschüttert. Wir waren bereit, jederzeit die Maschine zu starten, sollte der Anker nicht mehr halten, aber er hielt. Auf dem Radarschirm konnten wir die Eisfelder ausmachen, die in der rabenschwarzen Nacht mit dem Auge nicht zu erkennen waren. Damit hatte auch das Radar seine Nagelprobe bestanden.

Am nächsten Morgen lichteten wir den Anker und fuhren auf die Enge zu. Das Eis kam uns geradezu entgegengeschossen. Kaum hatten wir die Enge durchfahren, als der Strom nachließ und wir uns einer geschlossenen Eisdecke gegenübersahen. Ein Eisbrecher war bemüht, eine Fahrrinne aufzuhalten, aber immer wieder füllte sich die Rinne mit riesigen Eisschollen und verstopfte sie. Ich kletterte in den Mast, um von der eigens dafür installierten Eistonne aus Ausschau zu halten.

Mit einem Walkie-talkie gab ich Detlef, der am Ruder stand, die Informationen, die ich von oben sah, weiter. Mit zügiger Fahrt bahnte sich »Dagmar« einen Weg durch die dichten Eisfelder. Die Erschütterungen spürte ich bis in den Masttop. »Sollen wir Fahrt wegnehmen?« fragte Detlef über Funk nach. »Nein«, antwortete ich, ohne weiter zu überlegen. Diesen Test mußte das Schiff bestehen. Sonst würde es für die bevorstehende Reise nicht geeignet sein. »Dagmar Aaen« hat ein Gewicht von über 70 Tonnen. Einmal in Bewegung, ist sie so schnell nicht zu stoppen.

Das Krachen und Rumpeln drang vom Eis nach oben. Riesige Eisschollen wurden vom Bug erfaßt, gespalten oder unter Wasser gedrückt. Der Motor lief dabei so gleichmäßig, als würde es kein Eis geben. Ob die Schraube genug geschützt war? Wir hatten extrastarke Stahlbügel am Rumpf anbringen lassen, um Eisschollen, die unter Wasser herantreiben, von dem Propeller fortzudrücken. Im Kielwasser trieben die wieder aufgetauchten Eisschollen, allesamt mit

Streifen roter Farbe versehen, die sie von der Eishaut abgeschrammt hatten.

Unter Deck konnte man sein eigenes Wort kaum verstehen. Der ganze Schiffsverband vibrierte und arbeitete. Nach einer Stunde ließ ich aufstoppen, um den Härtetest zu wagen. Mit Anlauf fuhren wir gegen die Festeiskante an, die an dieser Stelle ca. 30 bis 40 Zentimeter dick war. Eine furchtbare Erschütterung ging durch den Rumpf, der Bug fraß sich ein Stück in das Eis hinein und dann Stille. Wir versuchten es an anderen Stellen noch mehrere Male und brachen auf diese Art und Weise bis zu 30 cm starkes Eis. Das war mehr, als ich zu hoffen gewagt hatte. Niemals würde ich während der Expedition das Schiff derartig malträtieren – es sei denn als Ultima ratio. Und darum ging es mir. Ich mußte wissen, wieweit ich gehen durfte. Welche Reserven hielt »Dagmar« für uns parat? Jetzt mußte ich sie härter fordern als hoffentlich jemals wieder in ihrem Dasein. Mir tat jeder Stoß geradezu physisch weh, aber wir mußten da hindurch. Ungeachtet des Geldes, das eine eventuelle Reparatur kosten würde, mußte jetzt bis an die äußerste Grenze gegangen werden. Wenn etwas im Eis kaputtging, dann jetzt. Noch hätten wir die Möglichkeit zu reparieren. Später auf der Expedition wäre dies nur sehr bedingt möglich. Einige Rückwärtsmanöver schlossen das Testprogramm ab. Peinlich genau achteten wir darauf, daß dabei das Ruder genau mittschiffs stand, anderenfalls hätten wir es zerstört. Nach einigen Stunden drehten wir um und verließen den Fjord auf dem gleichen Weg, den wir gekommen waren.

»Dagmar« schwamm immer noch und hatte diesen brutalen Test unverhältnismäßig gut überstanden. Die Eishaut aus Aluminium war blank gescheuert und in der Bugsektion verbeult. Das Schiff hat eine recht bauchige Bugform, und dort war »Dagmar« mit großer Gewalt von den Eisschollen getroffen worden. Ob die fast sechs Zentimeter starken Eichenplanken diese Mißhandlung ausgehalten hatten, würde sich zeigen. Waren unsere Eisschutzmaßnahmen

ausreichend, oder mußte noch etwas verstärkt werden?

Nach einigen Stunden Fahrt bemerkten wir, daß das Schiff Wasser machte. Kein dramatischer Wassereinbruch, aber irgendwo mußte eine Leckage entstanden sein. Ich brauchte nicht lange zu suchen. Genau in der Wasserlinie war neben dem Steven auf der Steuerbordseite eine Planke eingedrückt. Obwohl der Spantenabstand sehr eng ist, war dort offenbar eine spitze Eiskante mit solcher Gewalt gegengetroffen, daß es zu diesem Schaden gekommen war. Wir segelten trotzdem ohne Zwischenstopp nach Kiel durch. Während der Reise hielten wir Manöverkritik ab und berieten uns, wie wir das Schiff noch zusätzlich verstärken könnten. Die Entscheidung fiel schnell. Das ganze erste Drittel des Rumpfes mußte in der Wasserlinie neben dem Aluminium zusätzlich mit Stahlplatten verstärkt werden.

Zwar würden wir freiwillig niemals ein zweites Mal so mit dem Schiff umgehen, aber man konnte ja nicht wissen, was alles auf uns zukommen würde.

Als ich nach unserer Rückkehr von Kiel Christian und Tommi anrief und ihnen mitteilte, daß sie eine Planke austauschen müßten, waren sie zunächst entsetzt. Fast vorwurfsvoll fragten sie mich, was um alles in der Welt wir mit dem armen Schiff angestellt hätten. Zwei Tage später kamen sie an Bord, um den Schaden zu besichtigen. Er stellte sich als relativ harmlos heraus. An einer Stelle war die Planke eingedrückt – das war alles. Wie geplant, verholten wir »Dagmar« nach Wewelsfleth an die Elbe.

Das Ende der Test- und Erprobungsphase war erreicht. Dort in ihrem Heimathafen, auf dem Gelände der Peterswerft, würde sie ein letztes Mal gründlich überholt werden, bevor es endgültig losging. Ein Vierteljahr hatte diese Probephase gedauert. Sie hatte wertvolle Erkenntnisse über das Schiff gebracht und unser Vertrauen in die Substanz gestärkt.

Jetzt würden wir in die letzte, die heiße Phase treten. In wenigen Wochen segelten wir los.

# Die Grenzen der Planung

Der harte Trainingseinsatz im Eis hat Schwachpunkte gnadenlos aufgedeckt. Zwei Planken müssen ausgetauscht werden. Wir ziehen die Lehre aus dem Vorfall und verstärken die Bugsektion mit 6 Millimeter Schiffbaustahl.

Einige Tage nach ihrem Eintreffen in Wewelsfleth wurde »Dagmar« geslipt und an Land geholt. Tommi und Christian kamen von Dänemark, um die Planke auszuwechseln und nochmals letzte Hand am Schiff anzulegen. Die Peterswerft nahm anhand einer Schablone die Rumpfform ab und fertigte aus 6 Millimeter Schiffbaustahl einen soliden Eisschutz. Nachdem dieser montiert war, wurde das gesamte Unterwasserschiff nochmals gründlich inspiziert und danach gestrichen. Der Rumpf war tadellos. Selbst die Schraube hatte trotz der dichten Eisfelder keinerlei Schaden genommen. Die Eisabweiser hatten vollauf die ihnen zugedachte Funktion erfüllt.

Wie immer vor dem Start zu einer Expedition wurde es hektisch. Alle Mann waren am Schiff, um zu malen und zu stauen. Raimers große Stunde kam. Innerhalb weniger Tage hatte er den gesamten Proviant verstaut. Und was mich am meisten erstaunte: Er wußte genau, wo was lag. Eben ein echter Profi.

Die Ausrüstungstürme stapelten sich zu schwindelerregender Höhe empor. Zwischen diesem Tohuwabohu immer wieder Pressevertreter, die ein Bild oder Interview, Freunde, die sich verabschieden wollten. Tausend Dinge, die bedacht, Fragen, die beantwortet werden wollten. Stapelweise schleppte Detlef Soitzek Seekarten und Handbücher an Bord. Rettungsmittel mußten an gut zugänglichen Plätzen verstaut werden. Von der Ausrüstung des Schiffes hing unser aller Sicherheit ab. Insofern war bei allen ein vitales Interesse vorhanden, ja nichts zu vergessen.

Und trotzdem war das Schiff nur ein Rädchen im Uhrwerk der Expedition – wenngleich ein entscheidendes. Hektik war zur gleichen Zeit im »office« in Hamburg angesagt. Holger, Astrid und Elke arbeiteten im Dauerakkord. An der Peripherie von ICESAIL werden viele Projekte ablaufen, die vielleicht nicht spektakulär sind, dafür aber sehr sinnvoll. Wir wollten die Tradition der Nordpol-Expedition fortsetzen und Jugendliche in dieses Projekt einbeziehen. Robert Swan hatte seinerzeit ein Jugendcamp in der Arktis organisiert, an dem Jugendliche aus 15 verschiedenen Nationen teilgenommen hatten. Mit großem Erfolg: Themen wie Umweltzerstörung in den Polarregionen sowie deren Ursachen und die Möglichkeit, sie zu beheben, standen dabei im Vordergrund. Zudem der Wunsch, Jugendliche aus verschiedenen Nationen und Kulturkreisen zusammenzuführen, Verständnis füreinander zu gewinnen und Probleme gemeinsam anzupacken. 1990 hatte der Verein ICE-WALK e.V. einen Jugendaustausch mit der UdSSR organisiert und durchgeführt.

Während der ICESAIL-Expedition würde dieses Projekt fortgesetzt werden. Jugendliche aus der UdSSR würden dieses Mal nach Deutschland kommen, um im Rahmen eines »Abenteuerprogramms« diese Tradition fortzusetzen. Zudem würden Folkloreorchester aus Rußland zu einem Festival nach Bad Bramstedt anreisen, ein Tennisverein nach Rjasan fahren sowie eine weitere Jugendgruppe in Bad Bramstedter Familien untergebracht werden. Ein Ärzteaustausch war ebenso in der Planung wie die Überlegung, eine weitere Jugendgruppe nach Rußland zu entsenden. Die Zusammenarbeit mit Misha und seiner Organisation zog immer weitere Kreise. Längst hatten die Aktivitäten eine normale Expeditionsplanung überschritten. Eine Schule in Hamburg würde den Verlauf der Reise im Unterricht verfolgen und thematisch behandeln. Alles Dinge, die organisiert werden mußten. Da die Telefonverbindungen immer schlechter wurden, entschlossen wir uns, eigens für die Kommunikation mit Rußland eine elektronische Mailbox einzurichten. »Interlink« wurde gegen teure Gebühren installiert. Damit waren wir vom Telefonnetz unabhängig und konnten mit dem Büro in Rjasan Botschaften zügig austauschen.

Auch in Rußland war man auf diese für dortige Verhältnisse ungewohnten Aktivitäten aufmerksam geworden. Bei einem Besuch von mir in Moskau und Rjasan gab es zahlreiche Interviewwünsche und Unterredungen mit offiziellen Vertretern. Umweltschutz ist in der UdSSR noch ein verhältnismäßig neuer Begriff. Aber man lernt schnell. Die Umweltbehörde in Rjasan plant die Errichtung eines Naturparks nach europäischem Muster. Da bislang kaum eigene Erfahrungen auf diesem Gebiet gemacht werden konnten, bat man mich, Kontakte zu deutschen Organisationen herzustellen. Verbindungen, die ich zum WWF unterhalte, wurden weitergeleitet, und so findet heute auch auf diesem Gebiet ein Dialog statt.

Allein mit diesen Aktivitäten wäre das Büro in Hamburg gut ausgelastet gewesen. Es mußte aber nebenbei eine Pressekonferenz vorbereitet werden. Es mußten Verträge mit dem Versicherungsmakler Griebel und Spahn sowie der »Albingia« hinsichtlich der Vollkaskoversicherung des Schiffes und einer Search-and-Rescue-Operation ausgehandelt werden.

In der Zwischenzeit hatte man auch auf höchster politischer Ebene von dem Projekt »Wind bekommen«. Das Auswärtige Amt befürwortete die Expedition ICESAIL in einem offiziellen Schreiben und bat den sowjetischen Gegenpart, das Projekt nach Möglichkeit zu unterstützen.

Selbst wir waren überrascht, wie wohlwollend diese Expedition von allen Seiten behandelt wurde. Auf sowjetischer Seite gab es keine Berührungsängste, uns erstmalig eine Durchfahrtsgenehmigung zu erteilen. Diese positive Einstellung wird nicht zuletzt dem Verhandlungsgeschick Mishas zuzuschreiben sein. Aber für sportlich-abenteuerlich orientierte Unternehmungen hatte man in der UdSSR von jeher ein Faible. Der internationale Charakter sowie Aspekte des Jugend- und Kulturaustausches kamen dem Öffnungsbestreben des Landes entgegen. Es war ein kleiner Schritt der Annäherung, den wir hier taten, aber ein ungeheuer spannender.

Die Situation brachte es mit sich, daß nicht alles detailliert durchgeplant werden konnte. Misha

**Auf der Peterswerft in Wewelsfleth werden Stahlplatten montiert.**

**Dadurch erhält der Rumpf zusätzliche Festigkeit bei Eisfahrten.**

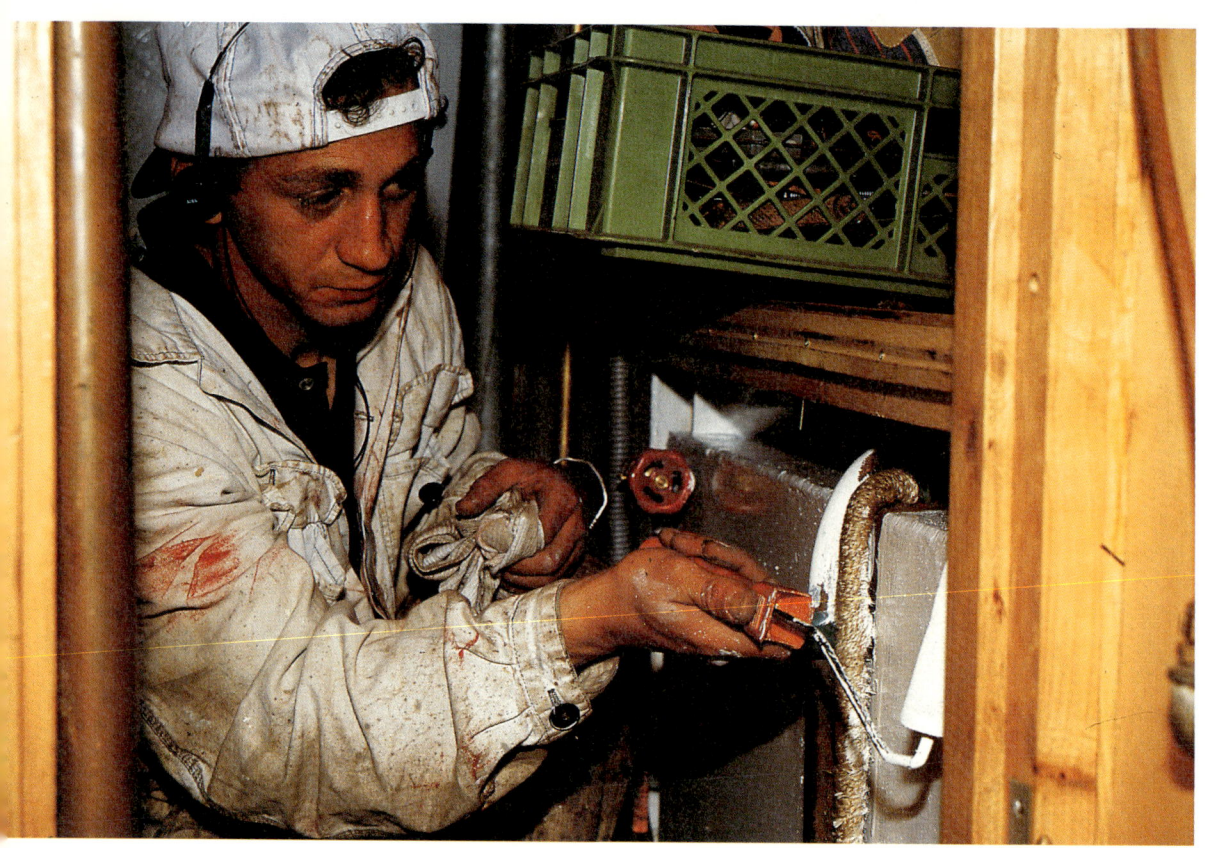

**Letzte Malerarbeiten
vor dem Start.**

war viel auf Auslandsreisen. In seinem Büro sprach man nur bedingt Englisch, obwohl die gesamte Belegschaft eifrig lernte. Dies ist das Abenteuer, dem Holger sich mit Astrid und Elke stellen mußte. Unspektakulär für die Medien und die Öffentlichkeit, denn dort konzentrierte sich das Interesse auf das Schiff und die Reise. Und auch hier zeigten sich Grenzen der Planung auf. Wie würden sich die Eisverhältnisse in diesem Jahr entwickeln?

Das Packeis läßt sich nicht oder nur schwer berechnen. Würden wir wie einstmals Amundsen mit der »Maud« so schwierige Eisverhältnisse vorfinden, daß wir wie er gleich zweimal überwintern mußten? Alles war möglich! Zudem die bange Frage nach der politischen Entwicklung in der UdSSR. Der Disput mit den bal-

tischen Staaten und die sich daraus entwickelnden internationalen Konflikte konnten unser Projekt schlagartig zum Stoppen bringen. Die desolate wirtschaftliche Situation, die schlechte Versorgungslage der Bevölkerung machten es unmöglich, Nahrungsmitteldepots für uns anzulegen. Wir wollten auch nicht das wenige, das es gab, von der Bevölkerung abziehen. Lediglich zwei Dieseldepots sollten eingerichtet werden, eine Aufgabe, die »Centre Pole« übernahm. Seekarten wurden als militärisches Geheimnis gehandelt. Die uns zur Verfügung stehenden waren wohl bis Kap Tscheljuskin brauchbar, danach würden wir auf russische Karten angewiesen sein. Eine weitere knifflige Aufgabe für Misha. Hier galt es wirklich, Pionierarbeit zu leisten. Späteren Expeditionen würden wir wahrscheinlich den Weg ebnen können. Genau das machte für uns alle die Vorbereitungsphase so spannend. Und diese Spannung hält auch heute noch unvermindert an. Es ist eben keine Expedition, die nur gemacht wird, um anschließend zu sagen: »Wir haben es wieder geschafft!«

ICESAIL hat uns alle ein wenig verändert, noch bevor es so richtig losging. Nicht der Zeitpunkt des Ankommens ist wichtig, sondern daß wir ankommen und im Kielwasser dieser Reise möglichst viel positiv beeinflussen können. Wenn jemals für eine Expedition der Ausspruch galt »Der Weg ist das Ziel«, dann für ICESAIL. Die klimatischen Unwägbarkeiten wie auch die organisatorischen würden uns immer wieder vor neue, reizvolle, aber auch riskante Aufgaben stellen.

Sie zu bewältigen und uns als Team in jeder Situation zu behaupten ist das eigentliche Anliegen unserer Reise.

Als ich vor einiger Zeit der Verlagsleitung von Kiepenheuer & Witsch vorschlug, meine Reiseeindrücke unmittelbar wiederzugeben und noch während der Expedition ein absolut authentisches Manuskript zu verfassen, stieß ich zu meiner Freude auf große Begeisterung. So beschlossen wir, dieses Buch so aktuell wie möglich zu realisieren. Auf eine Art auch ein Abenteuer.

Ich habe die bisherigen Zeilen vor dem Start der Expedition geschrieben, alle meine Erfahrungen und Empfindungen wiedergegeben, die sich mit der Vorbereitung befaßten.

Alle Zeilen, die jetzt folgen, werden auf der ICESAIL-Expedition entstehen.

Von jetzt, vom 18. April 1991, an bin ich wieder unterwegs.

# Leinen los

Unter großer
Anteilnahme der
Bevölkerung
passieren wir das
»Willkommenshöft«
in Schulau.
Zwei Barkassen
mit Freunden und
Bekannten begleiten
uns eine Strecke
elbabwärts.

Logbuch: »Heute, am Freitag, den 18. April 1991, um 11.45 Uhr, starten wir vom Heimathafen Wewelsfleth aus zur ICESAIL-Expedition. Bei leichtem Südwestwind und blauem Himmel passieren wir zum letzten Mal für mindestens 3 Jahre das Stör-Sperrwerk und laufen in die Elbe ein. Wir werden von einem Lotsenversetzboot ein kleines Stück begleitet. Meine Mutter steht am Elbdeich und winkt uns zu.

Der sonore Klang des Schiffstyphons ertönt, und dann laufen wir elbabwärts. Die Reise hat begonnen.«

Es hat Tradition, daß Schiffe von Glückstadt und Wewelsfleth auslaufen, um das Polarmeer anzusteuern. Noch heute erinnert in Glückstadt eine gediegene Gaststätte mit dem Namen »Kleiner Heinrich« an ein gleichnamiges Segelschiff, das zum Walfang ins Nordpolarmeer fuhr. Der »Kleine Heinrich« war vielleicht der bekannteste Walfänger und ein erfolgreicher dazu.

Spitzbergen war dabei ein bevorzugtes Reiseziel. Warme Meeresströmungen halten die Gewässer um Spitzbergen lange Zeit im Jahr eisfrei, so daß die Segelschiffe dort hingelangen konnten. Andere Ziele waren Grönland, die kanadische Arktis und Island. Lange Zeit waren die Robbenschläger und Walfänger die einzigen Seefahrer, die regelmäßig diese rauhen Klimazonen aufsuchten. Die Reisen waren hart, entbehrungsreich und voller Verluste. Wir setzen diese alte Seefahrer-Tradition fort. Die Route der alten Spitzbergen-Fahrer ist auch die unsrige.

Die letzten Tage vor dem Auslaufen waren so, wie es sich für eine derart lange Reise geziemt: hektisch! Keine Sekunde, die nicht ausgenutzt gewesen wäre. An Schlaf war kaum noch zu denken. Ich weiß nicht, wie viele Anrufe ich von Freunden, aber auch von gänzlich unbekannten Menschen erhielt, die uns und dem Schiff viel Glück wünschten. Die Anteilnahme war überwältigend. Talismane sammelten sich im Navigationsraum. Eine Schulklasse hatte uns einige Tage zuvor bei der Pressekonferenz im Hamburger Museumshafen mit einem Ständchen überrascht. Innerhalb weniger Minuten hatten sie vom Schiff Besitz ergriffen, waren in jeden entlegensten Winkel gekrochen und hatten uns selbstgemalte Bilder und Spiele für die lange Reise geschenkt. Ein Spiel tauchte dabei immer wieder auf: »Schiffe versenken«!

Nach der Pressekonferenz hatten wir uns von Astrid Bockstette und Uli Loth von Gore verabschiedet. Das Verhältnis zwischen ihnen und uns hat sich von einem rein geschäftlichen zu einem freundschaftlichen entwickelt. Gemeinsam hatten wir gefiebert und gezittert, ob alles klappt und rechtzeitig fertig wird. Das verbindet. Begleitet von zwei Barkassen, passierten wir das »Willkommenshöft« in Schulau. Über Lautspre-

**Unter großer Anteilnahme der Bevölkerung findet der Abschied in Hamburg statt.**

cher wurden wir verabschiedet. Keiner an Bord, der nicht ergriffen gewesen wäre. Astrid Eggers, die auf einer der Barkassen am Funkgerät stand, war mit einem Mal auffällig still. Die internationale Crew an Bord der »Dagmar« war überwältigt von soviel Anteilnahme und schämte sich auch nicht, diese Gefühle zu zeigen.

Danach war es noch einmal nach Wewelsfleth gegangen, wo wir hofften, in Ruhe die letzten Arbeiten durchführen zu können. Aber der Strom der Besucher riß auch hier nicht ab. Am Vorabend des Aufbruchs setzten wir uns an Bord der »Dagmar Aaen« noch einmal zu einem letzten Umtrunk zusammen. Helmut Breuer von der Peterswerft kam samt seiner Führungsriege. Holger, Astrid und Elke nahmen Abschied, und mir saß ein Kloß im Hals. Deshalb war ich doppelt froh, als wir am Morgen des 19. April aus den Kojen sprangen und Vorbereitungen zum Ablegen trafen.

Jetzt, auf der Elbe, liegt dies alles hinter uns. Wir müssen uns auf den Schiffsverkehr konzentrieren und beginnen unser Wachsystem. Wir werden drei Wachen gehen, wobei jede Wache mit drei Mann besetzt ist. Die 0 - 4-Wache geht von nachts um zwölf bis vier Uhr morgens. Danach tritt die 4 - 8-Wache bis um 8 Uhr ihren Dienst an, um danach von der 8 - 12-Wache abgelöst zu werden. Danach beginnt die 12 - bzw. 0 - 4- Wache wieder ihren Dienst. Ein Wachrhythmus, der meistens auch in der Berufsschiffahrt angewandt wird. Nachdem wir Cuxhafen passiert haben, setzen wir die Segel. Es weht eine steife Brise aus SW und treibt uns mit 7 Knoten Fahrt nach Nordwest. Etwas später ändern wir den Kurs auf Nord. In der einbrechenden Nacht versinkt Helgoland im Dunkeln, und nur das Licht des Leuchtfeuers folgt uns noch einige Stunden. Wir passieren Amrum und die Westküste der Insel Sylt. Beide Inseln sind mir bestens vertraut. Ich muß daran denken, wie sehr ich als Schuljunge, der seine Großeltern auf Sylt besuchte, von der Vorstellung geträumt hatte, einmal auf einem Segelschiff von dieser Küste aus zu neuen Ufern aufzubrechen. Manchmal werden Träume und Sehnsüchte wahr.

Auf einmal spüre ich, wie die gesamte Bela-

Mit geblähten Segeln verlassen wir Hamburg und laufen elbabwärts. Mindestens drei Jahre wird es dauern, bevor die »Dagmar Aaen« wieder in Hamburg festmachen wird. Das große Abenteuer hat begonnen.

stung der Vorbereitungszeit von mir abfällt. Ich fühle mich unglaublich frei. Die Arbeit, die uns manchmal über den Kopf zu wachsen drohte, hat sich gelohnt. Wir sind tatsächlich unterwegs! Meine Gedanken richten sich voraus. Was wird auf uns zukommen? Für die Seetüchtigkeit der »Dagmar« kann ich mich verbürgen. Die Crew scheint ideal besetzt zu sein und in der Lage, die vor uns liegenden ca. 170 Tage des Zusammenlebens auf engstem Raum mit all seinen Pro-

Thor Jensen (mitte) ist der letzte überlebende Kapitän der »Dagmar Aaen«. In Esbjerg kommt er an Bord, um »sein« Schiff in Augenschein zu nehmen und uns »Gute Reise« zu wünschen.

blemen überstehen zu können. Aber was ist mit der Route? Gut, wir haben alles getan, haben alle Genehmigungen, um nach 73 Jahren, nachdem der große Norweger Roald Amundsen 1918 zu ihrer Durchquerung gestartet ist, wieder die Nordostpassage zu durchfahren. Aber was ist, wenn die politische Lage sich ändert? Wie würden wir von der sowjetischen Bevölkerung aufgenommen werden? Was ist mit den Eisverhältnissen? Alle Fragen laufen mir in Sekundenbruchteilen durch den Kopf. Zum ersten Mal, seitdem ich Expeditionen unternehme, habe ich nicht nur einen oder maximal zwei Partner. Bei der ICEWALK-Expedition 1989 auf der 1000-km-Tour mit 8 Teilnehmern war ich nicht Expeditionsleiter, sondern »einer vom Team«. Jetzt habe ich zum ersten Mal eine große Verantwortung übernommen –- nicht nur für eine Expedition, sondern für die Führung einer gesamten Mannschaft inklusive der ganzen Organisation. Trotzdem bleibt kein schlechtes Gefühl zurück. Im Gegenteil. Ich fühle mich in diesem Augenblick frei und erfüllt. Ich weiß auch, daß die Menschen um mich herum eine Ergänzung für mich selbst waren und sind. Alle, die auf dem Schiff – und auch auf dem Land – aktiv an dieser Expedition teilnehmen, sind so individuell und vor allem mental stark, daß es ein gutes Gefühl ist, sich auch auf andere verlassen zu können.

Ich atme tief die frische Nordseeluft ein und bin einfach glücklich.

Unser erstes Reiseziel ist nicht weit entfernt. Es ist der dänische Fischereihafen Esbjerg. Auf den Tag genau vor 60 Jahren wurde hier die »Dagmar Aaen« in Dienst gestellt. In Esbjerg werden wir mit Spannung erwartet. Längst hatte natürlich die dänische Presse von unserem Vorhaben erfahren. Das Thema bietet nahezu endlosen Gesprächsstoff. Die »Dagmar« genießt unter den Fischern und Schiffbauern bis heute einen ausgezeichneten Ruf. Sie ist das letzte Schiff aus der Ära des Mauritz Aaen, eines Reeders, der dafür bekannt war, höchste Anforderungen an seine Kutter und deren Besatzung zu stellen.

Niels Bach, mein dänischer Freund und Voreigner der »Dagmar«, erwartet uns bereits ungeduldig an der Pier. Kaum sind wir fest, als er auch schon an Deck steht und uns aufgeregt begrüßt. Er hat gleich Besuch mitgebracht. Eine alte Dame steht würdevoll am Kai und blickt zu uns hinab. Ich gehe mit Niels zu ihr hin und erfahre, daß sie die Witwe von Johannes Knak, einem der letzten Kapitäne der »Dagmar Aaen«, ist. Sie ist in Begleitung einiger älterer Herrschaften gekommen, die allesamt eines verbindet: das Schiff.

Noch während wir uns bei einer Tasse Kaffee unterhalten, strömen immer mehr Menschen zur »Dagmar«. Fischer stehen in ihrer Arbeitskleidung an Deck und fachsimpeln untereinander. Jede Einzelheit wird kurz, aber sachkundig untersucht. Ich bin gespannt, wie das Urteil der Fischer ausfallen wird. Die »Dagmar« hat heute nicht mehr viel Ähnlichkeit mit einem Fischkutter. Geblieben ist lediglich der Rumpf. Aber die Art, wie sie umgebaut wurde, lehnt sich an alte Überlieferungen an. So oder so ähnlich haben um die Jahrhundertwende die Schiffe ausgesehen. Einmal davon abgesehen, daß die »Dagmar« über eine elektronische Finesse verfügt, die höchsten Ansprüchen entspricht, ist sie ein traditionelles Segelschiff geblieben. Die Fischer sind zufrieden. Wer ausschweifende Beifallsbekundungen oder Kritik erwartet, kennt die Seelen der Fischer schlecht. »Das ist gut« oder »das ist schlecht« – zu weiteren Aussagen werden sie sich kaum bewegen lassen. Ihr Urteil fällt zu meiner Erleichterung durchweg positiv aus. »Ein gutes Seeschiff ist sie, die ›Dagmar‹«, bekommen wir immer wieder zu hören. Der Strom der Besucher schwillt weiter an. In den folgenden zwei Tagen ist das Schiff über wie unter Deck voller Besucher. In jede Koje wird ein Blick geworfen, immer wieder werden höflich Fragen gestellt und Geschenke überreicht. Überwiegend sind es ältere Leute, die sich für die »Dagmar Aaen« interessieren. Thor Jensen ist der letzte überlebende Kapitän, der vor uns auf der »Dagmar« gefahren ist. Ich war ihm schon einmal vor einigen Jahren begegnet. Damals hatte ich die »Dagmar« gerade gekauft. Im Vergleich zu damals ist er heute viel aufgeschlossener. Er freut sich, daß »sein« Schiff in einem guten Zustand ist und auf eine solch interessante Fahrt geht. Dem Schiff traut er die Reise allemal zu.

Der Besuch in Esbjerg gerät zu einer regelrechten Party. Presse und Fernsehen finden sich ein und immer wieder Fischer und Menschen, die in der einen oder anderen Form mit der »Dagmar Aaen« in Verbindung stehen. Der »Besuch der alten Dame Dagmar Aaen« in ihrem Heimathafen hat sich gelohnt.

# Die Shetland-Inseln

Ein Sturm hat uns bei der Ansteuerung der norwegischen Küste erwischt. Bei den zahlreichen Klippen und Untiefen müssen wir sehr vorsichtig navigieren. Ein Fehler hätte katastrophale Folgen.

Esbjerg liegt hinter uns. Es ist ruhig an Bord geworden. Kein Besucher mehr, der Fragen stellt, sondern nur noch Leute, die zur Mannschaft gehören. Das Wetter meint es gut mit uns. Die See ist spiegelglatt, und die leichte Brise reicht kaum aus, um die Segel zu füllen. Niels Bach, der uns für eine Weile begleiten wird, führt, wie er es früher stets getan hat, an Deck seine Morgengymnastik durch und übergießt sich anschließend mit einer Pütz kalten Seewassers. Wir anderen ziehen den kleinen, aber warmen Waschraum der »Dagmar« vor. Wenn beim Essen alle Mann versammelt sind, ist es eng, aber gemütlich. Raimer Fuhlendorf hat die Kombüse fest im Griff. Der Dieselherd verströmt eine bullige Wärme, und Duftschwaden frisch aufgegossenen Kaffees ziehen aus dem Niedergang über das Deck. So läßt es sich leben. Noch ist kein Hauch von »hartem« Expeditionsdasein zu spüren. Wir kommen uns mehr wie Chartergäste auf einer Urlaubsreise vor. Aber das wird sich schon noch ändern.

Der Kurs ist auf die norwegische Küste abgesetzt. Unser erster »port of call« soll Stavanger sein. Vor einigen Jahren bin ich schon einmal die Küste Norwegens bis nach Bergen abgesegelt und freue mich jetzt auf ein Wiedersehen mit dieser wilden Schärenlandschaft. Es ist eine zerklüftete Küste, die keine navigatorischen Fehler verzeiht. Ungezählte Untiefen und Riffe liegen tückisch unter der Wasserlinie. Man darf nicht nachlassen in seiner Aufmerksamkeit. Während wir durch moderne Navigationselektronik sicher geleitet werden, muß ich an die alten Segelschiffkapitäne denken, die zur Zeit der Hanse regelmäßig nach Bergen fuhren, um dort Handel zu treiben – ohne Funk, Decca, GPS oder gar Motor. Es müssen außerordentlich tüchtige Seeleute gewesen sein, die trotz Sturm, Nebel und fehlender Navigationshilfen den richtigen Weg fanden. Vielen Schiffen und Besatzungen wurde diese Reise aber auch zum Verhängnis. Und jedem Skipper sollte stets gegenwärtig sein, daß die schönste Elektronik schlagartig versagen kann und er auch dann in der Lage sein muß, den richtigen Weg zu finden.

Am 24. April laufen wir bei strahlend blauem Himmel in den alten Hafen von Stavanger ein. Direkt neben dem Zollgebäude machen wir fest. Da wir neben einer Menge Proviant und Ausrüstung auch noch ein Gewehr sowie die Filmausrüstung an Bord haben, begebe ich mich direkten Weges zum Zoll, um einzuklarieren. Dort ist man unbürokratisch und freundlich. Schnell werden das Carnet für das Filmgerät sowie der Waffenschein überprüft und für gut befunden. Die größte Sorge gilt unseren Schnapsvorräten. Ich gebe die Menge wahrheitsgemäß an – etwa eine Flasche Rum pro Person –, und das für eine Reisedauer von einem halben Jahr. Der Blick der Zolldame ist teils mitleidsvoll, teils skep-

tisch. Man hält uns entweder für Schwindler oder für Puritaner.

Am nächsten Tag fahren wir Richtung Lysefjord. In einer Bucht vor der Insel Arnöy gehen wir vor Anker und bereiten uns auf eine kleine Feier vor. Ich habe heute meinen 38. Geburtstag, und Raimer hat deswegen die Kombüse auf den Kopf gestellt und ein reichhaltiges Mahl zubereitet.

Viele Leute glauben, daß das Wetter Richtung Norden zunehmend schlechter wird. Statt dessen genießen wir einen lauen Frühlingsabend an Deck. Der nordische Frühling ist wunderschön und um so eindrucksvoller, je weiter man nach Norden kommt.

Die Fahrt in den Lysefjord gerät zu einem Höhepunkt unserer Reise. Wir fahren bis zum Ende

**Wir sind fasziniert von der wilden Schönheit der norwegischen Fjorde.**

des Fjords und legen uns dort an eine alte Holzpier. Die Mannschaft zerstreut sich in alle Richtungen. Während der eine zum Duschen geht, wäscht der andere seine Sachen, angelt oder geht spazieren. Ich fahre mit dem Schlauchboot zum anderen Fjordufer und klettere einen steilen Hang empor, bis ich unmittelbar an dem Wandfuß stehe. Von hier aus habe ich einen großartigen Ausblick über den ganzen Fjord.

Ich hocke mich ins Moos und plane in Ruhe unsere nächsten Schritte.

Wir liegen sehr gut im Zeitplan. Eile ist demnach völlig unangebracht. Selbst wenn wir uns langsam die norwegische Küste hochtasten, bleibt immer noch genügend Zeit für Abwei-

chungen vom direkten Kurs nach Norden. Nachmittags hatte ich einen Blick auf die Karte geworfen und war bei den Shetland-Inseln hängengeblieben. Der Wunsch, eine fremde Landschaft zu sehen, war für mich immer schon Grund genug gewesen, dorthin zu fahren. Auf der Weiterfahrt vom Lysefjord nach Bergen sichte ich, ohne den anderen etwas davon zu sagen, die Unterlagen. Der Plan, einen Abstecher zu den Shetlands zu machen, verdichtet sich.

In Stavanger waren Duri und Nabil für etwa 3 Wochen von Bord gegangen. Zu ihrer Ablösung sind Detlev Löll und Martina Kurzer zu uns gestoßen. Als ich der Mannschaft abends in einer Kneipe von dem Plan erzähle, zu den Shetlands zu fahren, sind alle sofort dabei.

Der Wetterbericht verspricht nördliche Winde mit 5 - 6 Windstärken, optimale Bedingungen für uns. Die fehlenden Seekarten bekomme ich in Bergen, und so verlassen wir gut gelaunt in den frühen Nachmittagsstunden des nächsten Tages den Hafen von Bergen.

Auf der offenen See wird's bewegt, Seegang und Wind nehmen zu. Vorsichtshalber binden wir das zweite Reff ins Großsegel und gehen dann auf Kurs. Das Großsegel der »Dagmar Aaen« ist ein ziemliches Monstrum. Mit reichlich 90 m² ist es ein riesiger Lappen, der bei höheren Windgeschwindigkeiten und entsprechendem Seegang nur schwer zu handhaben ist. Zudem ist die »Dagmar« keine modern getakelte Yacht mit Winden und anderen technischen Finessen. Hier geht alles per Hand. Um bei Starkwind und bewegter See das Groß reffen zu können, wird nahezu die gesamte Mannschaft benötigt. Der riesige Baum hängt dabei wie ein Damokles-Schwert über den Köpfen der an Deck arbeitenden Leute. Wehe, wenn er nicht ausreichend gesichert ist! Auf einem traditionellen Segelschiff wie der »Dagmar Aaen« kann es schnell zu schweren Verletzungen kommen. Eine schlagende Schot kann einem den Finger brechen und

**Bergen des Klüversegels bei schwerer See. Eine gefährliche Aufgabe.**

**Nicht umsonst wurde der Klüverbaum früher als »Witwenmacher« bezeichnet.**

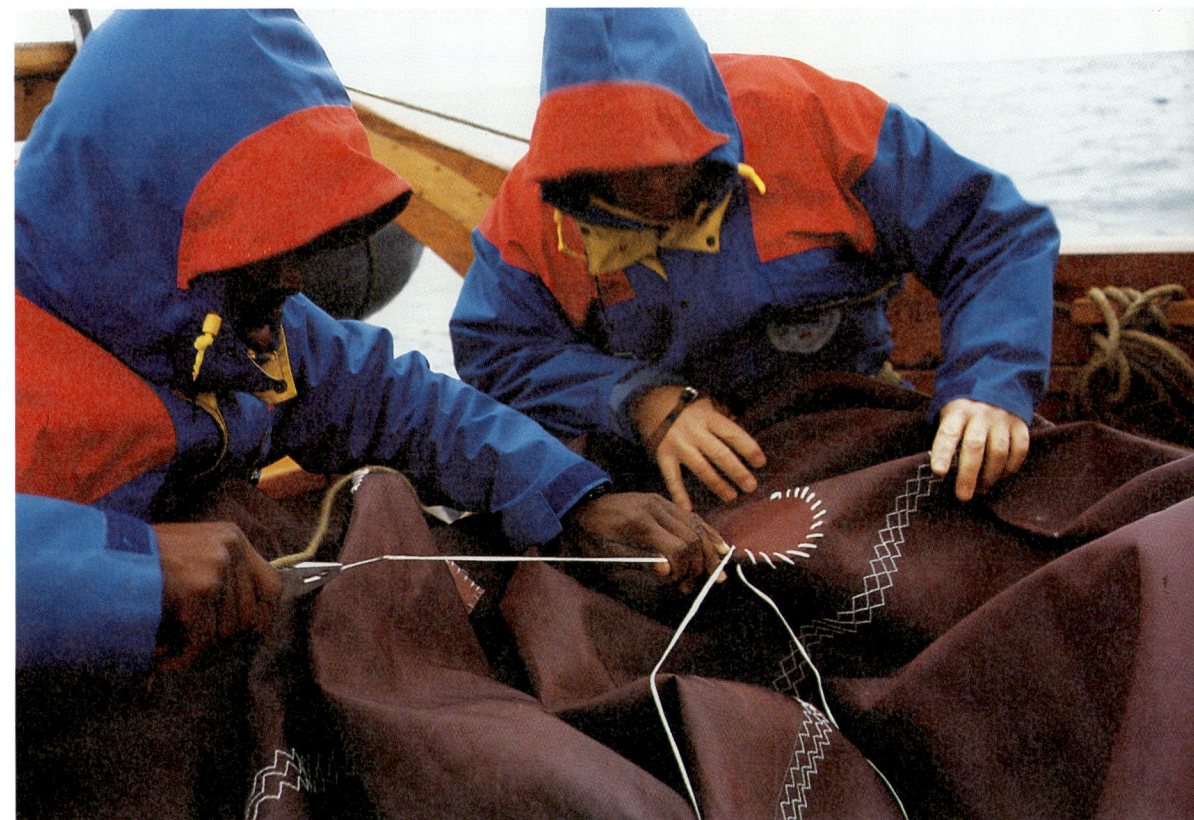

ein überkommender Baum den Schädel einschlagen. Um das Großsegel samt der Gaffel hochzuziehen, sind allein vier Mann erforderlich. Zusätzlich einer, der die Gaffelgeien führt sowie das leeseitige Backstag aushängt. Ein weiterer muß die Großschot fieren, und schließlich bedarf es noch einer Person, die die Bullentalje durchholt und belegt, sowie natürlich des Rudergängers, der das Schiff entsprechend der jeweiligen Manöver in den Wind zu legen bzw. auf Kurs zu halten hat. Eine mühselige Prozedur! Bei stürmischer See und rutschigem Deck wird alles zu einem Balanceakt. Gesellen sich dann noch erste Anzeichen von Seekrankheit dazu, wird das Ganze zur qualvollen Arbeit. Um Unfällen vorzubeugen, tragen wir bei derartigen Manövern Schwimmwesten mit Sicherheitsgurt.

Um wieviel einfacher ist es doch, eine moderne Yacht zu bedienen! Aber gerade das Zusammenspiel so vieler am Manöver beteiligter Menschen macht es reizvoll, die »Dagmar« zu segeln. Es ist reines Teamwork, einer allein kann nichts beschicken.

Da es so aussieht, als nähme der Wind weiter an Stärke zu, lasse ich vorsichtshalber auch den Klüver bergen. Ein weiteres schwieriges und besonders nasses Unterfangen. Dazu muß eine Person über die Verschanzung in das Klüvernetz klettern und sich vorsichtig nach vorn hangeln. Im Grunde genommen hat der Betreffende das Schiff verlasssen, denn er ist nur durch eine Sicherheitsleine am Klüverbaum und durch ein Netz unter seinen Füßen gesichert. Während ein anderer das Klüverfall fiert, ein weiterer mit dem Niederholer das Segel herunterzieht, ver-

ICESAIL

EXPEDITIONSSTRECK
ANREISE ZUR
NORD-OST-PASSAGE

sucht der Mann im Netz, das Segel einzufangen und mit Zeisingen zu sichern. Dabei wird er regelrecht gebadet. Der Klüverbaum taucht mit ihm in die Seen ein, fährt dann steil nach oben, um danach wieder beherzt ins nächste Wellental zu fallen. So geht es ununterbrochen, bis das Segel endgültig gesichert ist. Nichts für schwache Mägen. Eine nasse und bei unserem Fahrtgebiet auch eisige Angelegenheit.

Mit der verkleinerten Segelfläche laufen wir mit 7 Knoten über Grund Richtung Shetland-Inseln. Kurz bevor wir sie mitten in der Nacht erreichen, flaut der Wind ab. Wir steuern den Hafen von Lerwick an. Die Einfahrt ist eng. Wir bergen rechtzeitig alle Segel und laufen schließlich um 3 Uhr morgens unter Maschine in den Hafen ein.

In einem Prospekt werben die Inselbewohner der Shetlands damit, daß Besuchern »a warm welcome« zuteil wird. Ich kann das nur bestätigen. Noch niemals zuvor bin ich von einem Ha-

fenkapitän so freundlich und zuvorkommend behandelt worden wie in Lerwick. Man hat Zeit auf den Inseln. Das kleine Büro des Hafenkapitäns füllt sich mit freundlichen Bewohnern, die sich nach unseren Reisezielen erkundigen. Wie uns die Einheimischen sagen, haben wir unglaubliches Glück mit dem Wetter. Es ist sonnig und warm, und es weht kein Wind. Windstille auf den Shetlands ist fast so selten wie Regen in der Sahara. Wir haben solch seltene Tage erwischt. In der kleinen, verwinkelten Stadt mit ihren trutzigen Steinbauten fühlen wir uns sofort wohl. Es ist zugleich geschichtsträchtiger Boden. Archäologische Funde aus Stein-, Bronze- und Eisenzeit dokumentieren die bewegte Ge-

**Die Shetlandinseln aus der Vogelperspektive. Chris erregt mit der »Polaris« großes Aufsehen.**

schichte der Inseln. Auch die Wikinger hinterließen ihre Spuren, viele Ortsnamen erinnern daran.

Vielleicht erscheint es uns nur als Besucher so, aber wir haben den Eindruck, als herrsche ungeheure Harmonie zwischen den Menschen, uns, den Besuchern, und – vor allem – der Natur.

Wir möchten das günstige Wetter dazu nutzen, endlich unser Ultralight-Wasserflugzeug auszuprobieren. In Deutschland durften wir das nicht, auf den Shetlands ist das kein Problem. Wir fragen den Hafenkapitän, und der ist schlichtweg begeistert von der Idee. »No problem« – wir dürfen im Hafen starten und landen. Die Benachrichtigung der Coastguard übernimmt er höchstpersönlich. Nachdem Chris Nelson das Miniflugzeug zusammengebaut hat und der Motor dröhnend zum Leben erwacht ist, versammelt sich die halbe Bevölkerung Lerwicks an der Pier. So etwas hat noch keiner gesehen: ein Schlauchboot, das fliegen soll! Chris fährt eini-

ge Male auf dem Wasser auf und ab, checkt dabei sorgfältig und in aller Ruhe sämtliche Funktionen, bevor er plötzlich Vollgas gibt und nach wenigen Metern donnernd vom Wasser abhebt. Während er schnell an Höhe gewinnt und eine Schleife über das Hafengebiet fliegt, sind die Zuschauer teils begeistert, teils in ungläubiges Erstaunen versunken.

Nach einigen Runden landet Chris wieder, startet erneut durch und probt sämtliche Manöver durch. Schließlich kommt er wieder längsseits von »Dagmar« und nimmt einen von uns als Passagier auf. Jeder von uns kommt heute dran und fliegt einige Runden mit.

Ich selbst bin wie alle anderen begeistert. Ich komme mir vor wie im Märchen. Tosende Brandung unter uns, auf Klippen stehende einsame

**Die »Dagmar Aaen«
im Hafen von Lerwick.**

Leuchttürme, die wie Spielzeuge anmuten. Ich bin ganz kribblig vor Freude und weiß nicht, ob ich zuerst fotografieren oder einfach nur gucken soll. Wir drehen eine letzte Runde über den Hafen, der voller Schaulustiger ist, und landen dann sicher. Inzwischen hat sich die Lokalpresse eingefunden, der Rundfunksender hat einen mit Tonband bewaffneten Reporter geschickt, und selbst die sonst so zurückhaltenden Fischer sind außer sich. Am nächsten Tag berichtet der lokale Rundfunksender jede volle Stunde in den Nachrichten über diese Sensation. Chris wird dabei in einem Atemzug mit Charles Lindbergh verglichen, der seinerzeit ebenfalls auf den Shetlands Station machte. Unsere Expedition hat die Gemüter der kühlen Briten erhitzt.

Neben der »Polaris« ist es besonders die »Dagmar«, die ihr Interesse weckt. Das Schiff findet ihr uneingeschränktes Wohlwollen, und so müssen wir abends im Pub bei zahlreichen Bieren und Folklore-Musik immer wieder von unseren Plänen erzählen.

Man soll dann aufhören, wenn es am schönsten ist – ich weiß nicht, ob das stimmt. Jedenfalls bunkern wir Wasser und Diesel, verabschieden uns von den freundlichen Menschen und machen uns am 8. Mai wieder in Richtung Norwegen auf den Weg. Wir stehen noch ganz am Anfang unserer Reise. Durch die Vielfalt der Eindrücke kommt es uns allerdings vor, als wären wir schon Monate unterwegs.

# Die »Tirpitz«

Blick auf die Lofoten. Die Inselgruppe ist schon allein eine Reise wert. Die reichen Dorschgründe bescheren uns frischen Fisch, den wir braten und an der Luft trocknen lassen, um ihn später zu essen.

Als wir am 31. Mai in einer Bucht vor der Insel Haaköy vor Anker gehen, liegt bereits eine lange und abwechslungsreiche Reise hinter uns. Von den Shetland-Inseln waren wir zurück nach Alesund in Norwegen gesegelt und hatten uns dann langsam weiter nach Norden geschoben. Alesund, Trondheim und Bodö waren Zwischenstationen.

Als wir um Mitternacht den Polarkreis überfahren hatten, war Neptun in Person eines mit Netzen, Dreizack und allerlei Utensilien bekleideten Manfred Horenders an Bord gekommen. Jeder der Täuflinge mußte ein gutes Stück rohen Dorsch essen, eine Tasse »kräftigender« Brühe trinken, die aus Tabascosoße, Magenbitter, Zahnpasta, Olivenöl, Tomatenketchup und aufgelösten Gummibärchen bestand. Danach hatte jeder anzutreten, um mit reichlich Eiswasser getauft und mit dem Deckschrubber kräftig vom Schmutz der gemäßigten Breiten gereinigt zu werden. Neptun und mit ihm alle anderen hatten ihren Spaß.

Derart gewappnet, waren wir von Bodö aus zu den Lofoten gesegelt, um uns durch den berühmt-berüchtigten Moskenstrom zwischen den Lofotinseln Moskenesöy und Vaeröy treiben zu lassen. Wenn bei Sturm der Gezeitenstrom gegen die Windsee läuft, kommt es hier zu spektakulären Naturerscheinungen. Auf ganzer Breite brechen dann die heranrollenden Seen. Es entstehen tückische Wirbel und Kreuzseen, die schon vielen Schiffen zum Verhängnis geworden sind. Auch das Seehandbuch warnt kleine Schiffe vor dem Befahren bei stürmischem Wetter. Der Ruf dieses Gezeitenstromes ist schon früher so schlecht gewesen, daß er Edgar Allan Poe Anlaß genug war, eine gruselige und unglaublich übertriebene Kurzgeschichte zu verfassen. Seinem nicht weniger phantasievollen Kollegen Jules Vernes diente er als Vorlage für seine »Reise zum Mittelpunkt der Erde«.

Dieses Schauspiel wollten wir uns nicht entgehen lassen. Doch unsere Hoffnung auf ein spannendes Abenteuer wurde durch Flaute und einen träge dahinziehenden Strom zunichte gemacht. Ohne Maschine und mit eingepackten Segeln dümpelten wir an der Stelle, die in der Literatur als ein allesverschlingender Krater dargestellt wurde. Was tun? Wir holten unser Angelzeug hervor, und innerhalb kürzester Zeit hatten wir 39 Dorsche an Deck gezogen. Raimer, unser Koch, kam mit dem Schlachten und Zubereiten kaum nach. In den nächsten Tagen gab es Dorsch, Dorsch und nochmals Dorsch. Ob gebraten, gekocht, als Stew oder roh. Dorsch – bis wir ihn nicht mehr sehen, geschweige denn essen mochten. Der Aufenthalt im Moskenstrom war also weniger für uns als für die Dorsche von Dramatik gekennzeichnet.

Aber auch wenn die Literatur hier gewaltig übertreibt – bei bestimmten Wetterkonstellationen möchte ich nicht durch den Strom fahren. Er kann mit Sicherheit zu einer Hexenküche werden.

Die Lofoten mit ihren schroffen schneebedeckten Gipfeln und den kleinen Fischerorten üben einen eigenen Reiz aus. Wir wären gern länger im Bereich dieser Inseln geblieben, mußten uns jedoch aus Zeitgründen auf einen kurzen Besuch beschränken. Drei Tage hatten wir in Tromsö zugebracht, uns dort das Polarmuseum angesehen und die nächste Etappe vorbereitet. Daß wir für die Lofoten nur so wenig Zeit hatten, lag daran, daß ich neben den Shetland-Inseln noch ein weiteres außerplanmäßiges Ziel ansteuern wollte: Spitzbergen. Ich hatte diesen Plan bis zuletzt zurückgehalten, um bei der Mannschaft nicht zu früh Vorfreude zu wecken. Aber jetzt waren wir in Tromsö, dem Tor zur Arktis, von dem aus viele Polarexpeditionen gestartet waren. Von russischer Seite hatte ich erfahren, daß man uns erst Anfang Juli in Murmansk erwarten würde. Damit war die Entscheidung gefallen: Wir würden auch noch Spitzbergen in unsere Reiseroute aufnehmen.

Doch zuvor war da noch ein anderes Ziel: Nur wenige Meilen von Tromsö entfernt liegt die kleine Insel Haaköy. Mit ihr und der Bucht, in der wir jetzt bei etwa 20 Metern Wassertiefe vor Anker liegen, verbindet sich eine tragische Geschichte. Am 12. November 1944 war hier das deutsche Schlachtschiff »Tirpitz« von englischen »Tallboy«-Bomben zum Kentern ge-

bracht worden. Das Gewässer war viel zu flach, als daß ein Schiff von der Größe der »Tirpitz« vollständig hätte sinken können. Es kenterte, lag kieloben und wurde zur grausamen Todesfalle für über 1200 Menschen. Nicht der Umstand, daß ein Kriegsschiff zerstört wurde, ist tragisch, sondern die Tatsache, daß hier Menschen wieder einmal sinnlos geopfert worden sind.

Die »Tirpitz« war ein Schwesterschiff der »Bismarck«, die ein ebenso dramatisches Finale ereilte. Beide waren sie nicht nur Kriegsschiffe der Superlative, sondern zugleich Statussymbole eines menschenverachtenden Gewaltregimes. Wo sie auftauchten, brachten sie Zerstörung, Elend und Furcht. So groß war die Furcht vor ihnen, daß man die »Tirpitz« noch massiv bombardierte, als längst feststand, daß sie ihre Seetüchtigkeit eingebüßt hatte.

Fünf Jahre und vier Monate hatte die Bauzeit der »Tirpitz« betragen. Unglaubliche Mengen an Stahl und Arbeitsstunden waren für das Schiff

aufgebracht worden. Bis zu 160000 PS verhalfen dem Ungetüm zu einer Höchstgeschwindigkeit von über 30 Knoten. Die schwere Artillerie auf diesem Schiff verschoß 800 kg schwere Sprenggranaten bis auf eine Distanz von 35 km. Alle 26 Sekunden konnten die schweren Geschütze feuern. Wie viele Mühen und Kosten werden, wenn es darum geht, unheilbringendes Kriegsgerät zu produzieren, eingesetzt. Würde man mit der gleichen Akribi, dem gleichen Enthusiasmus an die Lösung humaner Probleme herangehen, wäre es wohl etwas besser um die Welt bestellt. Das gilt bis heute.

Nachdem die »Tirpitz« gekentert war, hatten Norweger noch tagelang Rufe und Klopfzeichen aus dem Wrack gehört. Vergeblich versuchte man, den 15 cm dicken Stahl mit

Schneidbrennern zu zerteilen, um die Eingeschlossenen zu bergen. Das, was als Schutz für Schiff und Besatzung gedacht war, wurde nun zu einem tödlichen Gefängnis. Im Inneren des Rumpfes müssen sich unglaubliche Tragödien abgespielt haben. Den Norwegern ist es zu verdanken, daß 82 Mann der Besatzung gerade noch rechtzeitig geborgen werden konnten. Für die anderen gab es keine Rettung. Über 1200 zumeist junge Menschen starben elendig – ihr sicheres Ende vor Augen.

Nach Beendigung des Krieges wurde einer norwegischen Firma der Auftrag erteilt, die »Tirpitz« abzuwracken. Obwohl man gleich nach Kriegsende damit begann, dauerte es bis 1957, bis man den Koloß zerlegt und aus dem Stahl Nägel und andere sinnvolle Dinge hergestellt hatte.

Heute erinnert an die »Tirpitz« nur eine Stahlplatte, die man als Denkmal am Strand von Haaköy aufgestellt hat. In drei Sprachen ist zu lesen, daß an dieser Stelle das deutsche Schlachtschiff »Tirpitz« am 12. November 1944 versenkt worden ist. Das ist alles. Und es ist gut so. Keinem Satz oder keiner noch so ausgefeilten Dramaturgie könnte es auch nur annähernd gelingen, das Drama, das sich dort abgespielt haben muß, darzustellen. Jeder in Tromsö und Umgebung weiß von der »Tirpitz«. Aber keiner spricht darüber.

Ob Freund oder Feind, glücklich ist keiner mit diesem Schiff geworden.

An Bord der »Dagmar« befinden sich zwei Norweger, die wie wir der Nachkriegsgeneration angehören. Sie sind Taucher und haben Interesse gezeigt, mit uns gemeinsam dort zu tauchen, wo die »Tirpitz« gesunken ist. Die Stimmung ist ernst und bedrückt, als wir unsere Trockenanzüge anziehen und in das eisige Wasser steigen. Manfred Horender und Detlef Soitzek unternehmen zusammen mit den beiden Norwegern den ersten Tauchgang. Als sie nach 45 Minuten wieder an Deck stehen, haben sie einige Fundstücke mitgebracht: Pulverstangen, die, obwohl sie fast 50 Jahre auf dem Meeresgrund lagen, sofort zu brennen anfangen, als einer der Taucher ein Feuerzeug daranhält.

Am nächsten Morgen tauchen wir weiter. Zusammen mit Rainer Neuber gehe ich hinunter und finde mich in einem Trümmerfeld wieder. Zerborstene Stahlteile, Leitern, Waschbecken, Rettungsboote, Pulverstangen und Schrott aller Art lagern dort. Die Norweger hatten uns gewarnt, vorsichtig zu sein, da der Boden voller Granaten und Munition liegt. Wir schwimmen durch das Trümmerfeld, das trostloser nicht sein kann. Viele Gegenstände sind in einer dicken Kruste verklumpten Schweröls verpackt. Ich bin froh, als ich wieder an der Wasseroberfläche bin. An Deck haben wir einige Gegenstände zusam

**Zusammen mit zwei norwegischen Tauchern machen wir uns auf die Suche nach den Überresten des Schlachtschiffes »Tirpitz«, das in der Nähe von Tromsö versenkt wurde.**

82

mengetragen: die Filzeinlage eines Stiefels, eine noch originalverpackte Gasmaske, zwei leere Munitionskisten, Pulverstäbe sowie eine Rolle mit Papier, auf der offenbar die Zielgenauigkeit der Geschütze festgehalten wurde. Das Papier hat sich – wie die anderen Teile auch – im eisigen Wasser bestens erhalten.

Anschließend sitzen wir zusammen in der Messe und unterhalten uns bei heißem Tee. Der Ort hat uns alle gleichermaßen betroffen gemacht. Wir philosophieren, ob es richtig ist, hier zu tauchen. Wir versuchen, das Geschehene zu rekonstruieren und zu begreifen. Der Krieg am Persischen Golf ist gerade vorbei und schon zur Geschichte geworden. Man ist zur Tagesordnung übergegangen. Die Geschichte der »Tirpitz« und die damit verbundene Tragik liegt schon viel länger zurück und ist nur ein kleiner Nebenschauplatz eines weltumfassenden Dramas gewesen. Aber gerade an einem solchen Einzelbeispiel läßt sich das volle Ausmaß dieses Irrsinns und Leidens nachvollziehen. Zahlen über Gefallene oder versenkte Tonnage sind zu abstrakt, als daß man sie mit Vorstellungen von dem wahren Grauen verbinden könnte. Hier, am Ort des Geschehens, ahnt man, was jeder der 1200 Soldaten vor seinem Tod gelitten haben muß. Und wenn dieser Krieg irgend etwas Sinnvolles hinterlassen hat, dann die Erkenntnis, daß der Krieg ein Monstrum ist, menschenverachtend und völlig ungeeignet, um Konflikte zu lösen. Ich empfehle den Leuten, die für Militärhaushalte verantwortlich sind, einmal vor Haaköy zu tauchen.

# Spitzbergen

Eine Zeitlang schien
es, als seien die
Walrosse auf Spitz-
bergen ausgerottet.
Die Robbenschläger
hatten ganze Arbeit
geleistet. Heute
gibt es wieder eine
Kolonie auf der
Moffen-Insel.

Für die Crew kommt die Entscheidung, nach Spitzbergen zu fahren, genauso überraschend wie die Reise zu den Shetlands. Für die Umrundung des Nordpols erscheint mir aber Spitzbergen geradezu als der logische Ausgangspunkt. Die Gewässer der Westküste Spitzbergens sind durch den Einfluß des Golfstroms sehr früh im Jahr eisfrei, und nirgendwo sonst auf der Welt kann man mit einem Schiff wie der »Dagmar« so nahe an den Nordpol heranfahren wie dort. Genaugenommen hätte Spitzbergen von Anfang an in die Routenbeschreibung unserer Expedition aufgenommen werden müssen. Allein der Zeitfaktor und – wie ich gestehe – auch der Überraschungseffekt hatten mich bewogen, diesen Plan für mich zu behalten. Jetzt, in Tromsö, weihe ich die Mannschaft ein und stoße auf helle Begeisterung. Das Büro in Hamburg informiere ich telefonisch. Holger lacht, sagt, er habe sich so etwas schon gedacht und langweiliger würde die Geschichte dadurch sicherlich nicht.

Gesagt, getan. Wir lassen den trostlosen Ort des »Tirpitz«-Dramas hinter uns und gehen am 4. Juni wieder auf Nordkurs. Das Wetter läßt uns nicht lange im unklaren, wohin die Reise geht. Der Wind ist eisig, Schnee und Graupel setzen ein, und die See wird zunehmend rauher. Wir ziehen schnell lange Unterhosen an. Sie geben in Verbindung mit warmem Fließ und Wetterbekleidung den erwünschten Schutz gegen Kälte und Nässe. Unter Deck sorgt Raimer mit heißer Schokolade, Tee oder Kaffee sowie reichhaltigen Mahlzeiten dafür, daß die Mannschaft bei Laune bleibt. Überhaupt ist der Aufenthalt unter Deck mit einer Oase zu vergleichen. Die Dieselöfen heizen das Schiff trotz Kälte und Schnee auf. Nasse Kleidungsstücke sind schnell getrocknet, und um den Messetisch herum wärmen sich alle an den heißen Kaffeebechern die klammen Hände. Die Gesichter haben sich seit unserer Abreise verändert. Die blasse Gesichtsfarbe ist einer gesunden Bräunung gewichen, Haare und Bärte sind gewachsen, und so manche durch Nachtwachen und Schlafmangel hervorgerufene Falte zeigt sich unter den Augenlidern. Die Bordroutine funktioniert tadellos. Trotz Seegang und Müdigkeit wird einmal täglich Reinschiff gemacht. Die Backschaften klappen, ohne daß ein Wort darüber verloren werden muß. Wer schon einmal mit zahlreichen Leuten auf engem Raum und bei schlechtem Wetter gesegelt ist, weiß, wie schnell ein Schiff verdrecken kann. Ist dieser Zustand einmal eingetreten, wird es immer schwieriger, das Ruder herumzuwerfen. Wenn dreckige Socken herumliegen, schmutziges Geschirr sich im Waschbecken türmt und das Klo den Eindruck einer öffentlichen Bedürfnisanstalt macht, dann beraubt man sich selbst des letzten Refugiums.

Eine Seereise in diesen Breiten ist physisch wie psychisch belastend. Die Routine der Arbeiten auf dem Schiff strengt an, und nach vier Stunden Wache an Deck ist jeder froh, sich aufwärmen zu können. Unter Deck muß man sich wohl fühlen können, für einen Moment die Kälte und Nässe vergessen. So sammelt man immer wieder neue Kräfte, was wichtig ist für eine lange Reise.

Spannungen in der Gruppe haben sich bisher deshalb kaum gezeigt. Ganz ohne sie geht es aber natürlich nicht. Raimer Fuhlendorf scheint dabei die »gute Seele« des Schiffes zu sein. In seiner offenen, heiteren Art findet er stets den richtigen Ton, um Leute anzusprechen, denen der Frust ins Gesicht geschrieben steht. Meist löst der sich dann nach wenigen Minuten in Gelächter auf.

In einigen Fällen scheinen sich aber auch tiefere Spannungen aufzubauen. Teilweise wird der Umgangston rauher, und ich verspüre bei dem einen oder anderen gereizte Stimmung. Darüber werden wir reden müssen. In gewissen Abständen halten wir »Round-table«-Gespräche ab. Dabei wird über alles und jeden gesprochen. Ohne Rücksichtnahme wird kritisiert, werden Verbesserungsvorschläge gemacht. Ich bekomme dabei mein Fett genauso ab wie jeder andere aus dem Team. Danach ist uns allen wohler, und man geht gelöst und mit neuer Energie ans Werk. Der größte Fehler, den man auf einer solchen Reise machen kann, ist, so zu tun, als gäbe es keinerlei Konflikte. Es gibt sie immer, und

**Die geheimnisvolle Bäreninsel. Es ist schwierig anzulanden, da es kaum geschützte Buchten gibt.**

wenn es nur um Bagatellen geht. Nichtigkeiten addieren sich und führen irgendwann zu einem vermeidbaren Zerwürfnis.

Deshalb ist Reden so wichtig.

Berechtigte Beschwerden gibt es immer wieder von Darryl und Chris. Beide waren davon ausgegangen, daß mehr englisch gesprochen wird. In der Tat fallen wir anderen immer wieder ins Deutsch zurück und grenzen - ohne es zu beabsichtigen – die beiden aus. Bequemlichkeit! Wir werden weiterhin an uns arbeiten müssen – nicht nur in dieser Hinsicht.

Spätestens seit Allistair MacLeans »Bear-Island«-Thriller, der als Buch wie auch als Film Furore gemacht hat, ist Björnöya – oder die Bäreninsel – vielen geläufig. Rund 230 Meilen nördlich der norwegischen Küste und 130 Meilen südlich Spitzbergens gelegen, ist diese dreieckige kleine Insel geradezu prädestiniert für Abenteuerromane. Wieder ist es Wilhelm Barent gewesen, der 1596 diese Insel entdeckte.

Das Anlaufen dieser Insel ist wirklich ein Abenteuer.

Sehen können wir sie erst aus einer Entfernung von einigen Meilen. Lediglich der Radarschirm hatte sie uns seit geraumer Zeit angekündigt. Von dunklen Nebelschwaden und Wolkenfetzen verhüllt, entzieht sie sich die meiste Zeit dem Auge des Betrachters. Steile, scharf gezackte Klippen und die sich daran brechenden Seen lassen einen überlegen, ob eine Anlandung anzuraten ist. Einen Hafen gibt es auf der Bäreninsel nicht. Lediglich eine norwegische Wetterstation, bei der wir aber wegen der Wetterverhältnisse nicht wagen, vor Anker zu gehen. Wir steuern vielmehr die Sorhamna-Bucht an und finden dort einigermaßen Schutz vor den heftigen

87

Windböen aus Norden. Nachdem wir uns verge-wissert haben, daß unser Anker hält, machen wir das Dinghi fertig, um eine erste Gruppe an Land zu senden.

Das Anlanden durch die Brandung verläuft glimpflich. Wir ziehen das Schlauchboot bis an den Rand der Klippe, um es vor Wind und See zu schützen, bevor wir uns an die Klippe selbst wagen. Vom Hochplateau aus gelangen wir ohne Probleme in die nächste Bucht: die Wal-roßbucht. Hier zu ankern, war uns wegen der vorherrschenden Windrichtung zu heikel er-

schienen. Reste eines verrosteten Dampfkes-sels, Hausfundamente, Kisten und ein riesiger Kochtopf in Verbindung mit unzähligen Wal- und Walroßknochen lassen keinen Zweifel dar-an, daß hier einmal eine Trankocherei gestanden hat. Von der einstmals großen Zahl an Walrossen ist auf der Bäreninsel kein einziges übriggeblie-ben. Den Walen erging es nicht besser. Erst als der letzte dieser gutmütigen Kolosse zu Lam-penöl, das Walbein zu Korsetten und die Stoßzähne der Walrosse zu Schmuck verarbeitet waren, ließ man von der Insel ab.

Lediglich einige Kohlevorkommen lockten nochmals Menschen an. Es entstand für einige Jahrzehnte eine Siedlung namens Tunheim, deren Überreste noch zu sehen sind. Bis zu 250 Menschen lebten und arbeiteten dort. 1925 gab man den Betrieb auf. Es ist wieder Ruhe eingekehrt auf der Bäreninsel. Die norwegische Wetterstation ist jetzt die einzige menschliche Ansiedlung. Über Funk hatten wir unser Eintreffen auf der Insel angekündigt, und es schien, als ob man ganz froh sei, einmal eine andere Stimme zu hören. Wir haben eine Einladung erhalten,

mir scheint der Ankerplatz aber zu unsicher, deshalb verzichten wir auf diesen Abstecher. Da es auch in der Sorhamna-Bucht immer ungemütlicher wird, brechen wir auf und fahren an die Nordwest-Küste der Insel in die Teltvika-Bucht. Bei 9 Metern Wassertiefe finden wir guten Ankergrund. Die vom hektischen Überangebot der Medienlandschaft gestreßte Seele findet hier Ruhe. Man lernt wieder, sich auf das Wesentliche zu konzentrieren.

Der nächste Morgen sieht uns unter dreifach gerefftem Großsegel und Fock hart am Wind Richtung Norden segeln. Das Wetter bleibt weiterhin stürmisch, und es wird zunehmend kälter. Nach vier Stunden Wache an Deck, ohne schützendes Ruderhaus, ist man steif und durchgefroren, trotz der warmen Kleidung. Unter Deck gibt es zum Glück eine total andere Welt. Es ist warm, duftet nach Kaffee und frisch gebackenem Brot. Entspannung, Regeneration. Kein überflüssiger Luxus, sondern Erhöhung der Sicherheit an Bord durch ökonomischen Umgang mit den eigenen Kräften. Als ich vor Jahren das erste Mal mit Eskimos in der kanadischen Arktis unterwegs war, reagierte ich erstaunt auf die unglaubliche Hitze in ihren Wohnungen. Selbst in den Iglus sorgten sie mit zwei oder drei Benzinkochern für eine Temperatur, die über dem Gefrierpunkt lag und das Iglu nur deshalb nicht zum Schmelzen brachte, weil sich in der Kuppel ein Abzugsloch befand, durch das die Wärme abfließen konnte.

Spitzbergen bringt uns Windstille, Sonnenschein und Eis. Ums Südkap herum driftet ein dichter Packeisgürtel und stellt uns vor die Entscheidung, entweder einen Umweg nach Westen zu machen oder vorsichtig hindurchzumanövrieren. Zum ersten Mal auf dieser Reise wird der Ausguck hoch oben im Mast seiner Bestimmung übergeben. Ich klettere mit einem Walkie-talkie empor und halte Ausschau. Der Ausblick ist ungleich besser als vom niedrigen

**Je weiter wir nach Norden kommen, desto ungemütlicher wird das Wetter.**

Deck aus, und schnell habe ich einen Eindruck über die Situation gewonnen: Wir können hindurchfahren. Rainer Neuber ist am Ruder, ich dirigiere ihn über Funk aus der Tonne. Ein gutes Zusammenspiel. Wir sind fast gestoppt, als wir die ersten Eisschollen berühren. Erst als der Kontakt hergestellt ist, geben wir langsam voraus und schieben die Schollen beiseite. Der kräftige Callesen-Motor zwängt die »Dagmar« durch das Eisfeld.

»Dagmars« erster Kontakt mit dem Polareis verläuft ohne Aufregung und Probleme. Kaum haben wir den Eisgürtel passiert, als die See schlagartig ruhig wird. Die Dünung ist durch das Eis geglättet, und so laufen wir auf völlig glattem Wasser entlang der Westküste Richtung Isfjord. Longyearbyen ist Sitz des Gouverneurs, des Sysselmann, wie er genannt wird, und unser erstes Ziel.

Früh am Morgen des 8. Juni legen wir uns an die kleine Pier von Longyearbyen. Der Ort wurde zu Beginn dieses Jahrhunderts von dem Amerikaner Munro Longyear gegründet, um die reichen Kohlevorkommen auf Spitzbergen abzubauen.

Ursprünglich hatten verschiedene Staaten Anspruch auf die Inselgruppe erhoben. Dänemark glaubte, Spitzbergen sei mit Grönland verbunden und deshalb dänisches Hoheitsgebiet. Norwegen beruft sich bis heute auf eine isländische Saga, nach der Wikinger als erste lange vor Wilhelm Barents Svalbard (die »kalte Küste«) erreicht haben sollen. Diese Ableitung eines Rechtsanspruchs scheint jedoch fraglich. Die Saga erzählt, daß man 4 Tage nach Norden segeln muß, um nach Svalbard zu kommen. Damit kann bestenfalls Grönland oder Jan

**Nur mit Mühe können wir das Hochplateau der Bäreninsel erreichen.**

90

Mayen gemeint gewesen sein, aber kaum Spitzbergen, das weiter entfernt liegt. Auch die Russen leiteten Rechtsansprüche aus früheren Forschungsreisen ab. Um potentiellen Konflikten vorzubeugen, verhielt man sich ähnlich wie in Sachen Antarktis: Man schuf auf internationaler Ebene eine Vereinbarung, nach der Norwegen die Souveränität über das Svalbard-Archipel einschließlich der Bäreninsel, Hopen und Jan Mayen zugesprochen wurde. Den Signaturstaaten stand es frei, wirtschaftliche Aktivitäten zu entfalten, was im Hinblick auf die damaligen reichen Kohlevorkommen, die inzwischen abgebaut worden sind, von Bedeutung war. Lediglich während des zweiten Weltkrieges gewann Spitzbergen strategische Bedeutung. Die Geleitzüge nach Murmansk mußten durch die Barents-See. Um die Schiffe attackieren zu können, waren Wetterdaten für die Nazis von größter Wichtigkeit. Es wurden geheime Wetterstationen eingerichtet, die Tarnnamen wie Haudegen, Knospe und andere einfallsreiche Namen trugen. Wiederholte Sabotageakte von kleinen norwegischen Eliteeinheiten veranlaßten schließlich die Nazis, die Schlachtschiffe »Scharnhorst« und »Tirpitz« zu einer Strafexpedition zu entsenden. Obwohl die Norweger hoffnungslos unterlegen waren, leisteten sie erbitterten Widerstand. Die schweren Geschütze der Schlachtschiffe

machten die Siedlungen dem Erdboden gleich. Verbrannte Grundmauern sind noch heute zu sehen.

Während wir in Longyearbyen weilen, kommt ein sowjetisches Boot an. Die Russen beginnen sofort damit, am Kai Souvenirstände aufzubauen. Einige Minuten später wissen wir, warum: Ein norwegisches Kreuzfahrtschiff, die »Black Prince«, läuft in die Bucht ein, wirft den Anker und bootet überwiegend ältere Passagiere aus. Die Samoware, Puppen und Stickereien finden reißenden Absatz. Die Perestroika hat auch auf Spitzbergen Einzug gehalten. Norweger und Russen leben gelöster nebeneinander als noch vor einigen Jahren, in denen es immer wieder zu Spannungen kam. Auch die Politik des »Abschottens« von der Außenwelt ist von den Sowjets aufgegeben worden. Besuche in den sowjetischen Siedlungen sind möglich und weniger kontrolliert.

Der oberste Verwaltungschef auf Svalbard ist der Sysselmann. Ihm gilt mein erster Besuch. Es ist üblich, daß sich Reisende und Expeditionen anmelden. Diese Maßnahme dient zum einen dazu, den Reisenden auf die Probleme arktischen Reisens hinzuweisen und gleichzeitig einen Überblick über die geplanten Aktivitäten zu erhalten. Nachdem ich ein Formular ausgefüllt habe, erhalte ich eine Fülle wissenswerter Informationen, einschließlich einer Eiskarte.

KVITØYA

STORØYA

NORDAUSTLANDET

MOFFEN  VERLEGENHUK

VIRGO-
HAMNA

DANSKØYA
BJØRNHAMNA
MAGDALENEN-
FJORD

MOSSEL-
BUCHT

WOODFJORD

WIJDEFJORD

HINLOPENSTR.

HAMBURGER
BUCHT

KONG KARLS LAND

KONGSFJORD
NY-ÅLESUND

PRINS
KARLS
FORLAND

FORLAND-SUND

NORD-
FJORD

PYRAMIDEN

OLGA-STRASSE

SVEA-
BREEN

BILLEFJORD

ISFJORD

BARENTSØYA

TEMPELFJORD

LONGYEARBYEN

BARENTSBURG

STOREFJORD

EDGEØYA

BELLSUND

TORELL-
LAND

HOPEN

SØRKAPP

ICESAIL
SPITZBERGE

EXPEDITIONSSTRECKE
SPITZBERGEN

0    25    50    75   100
km

0  10  20  30  40  50  60
sm

BÄRENINSEL

Während ein Teil der Mannschaft mit den üblichen Hafenaktivitäten beschäftigt ist: Wäschewaschen und Duschen, mache ich mich zum Flughafen auf, um Brigitte Ellerbrock abzuholen, die aus Tromsö eingeflogen kommt. Sie wird einen Teil der Reise mitmachen. Wir sind jetzt zehn Personen an Bord.

Am nächsten Tag beginnen wir mit der Erkundung Spitzbergens. Rainer Neuber und Raimer Fuhlendorf bauen die beiden Klepper-Faltboote auf, um Richtung Tempelfjord zu paddeln. Wir werden sie dort zwei Tage später wieder aufnehmen. Die beiden Faltboote Williwaw und Joshua, mit denen Rainer und ich schon Kap Hoorn umrundet haben, legen von der »Dagmar« ab und entschwinden schnell aus unserem Blickfeld. Die »Dagmar« macht sich indessen auf den Weg zum Nordenskiöld Breen, einem gewaltigen Gletscher, der in den Billefjord endet. Die Eiskante ist zu dieser Jahreszeit noch so weit in den Fjord vorgeschoben, daß wir uns dem Gletscher nur auf einige Kilometer nähern können.

Auch Pyramiden, die russische Bergwerksiedlung, ist vom Eis abgeriegelt, so daß wir ihr nicht wie geplant einen Besuch abstatten können. Dafür können wir Robben beobachten, die auf den abbrechenden Eisschollen in der Sonne liegen und sich hinaustreiben lassen. Das Wasser ist kristallklar. Deutlich können wir unseren Anker in über 10 Metern Wassertiefe liegen sehen. Wir fahren mit dem Dinghi an Land und wandern am Strand entlang. Wieder ist diese Ruhe da, wie wir sie auf der Bäreninsel empfunden haben. Es gibt keine Nacht um diese Jahreszeit. Überall ist Licht, und allenthalben scheint die Natur aus der Winterstarre zu erwachen. Die

**Chris erkundet mit der »Polaris« eine Aufstiegsmöglichkeit zum Sveabreen.**

Küstenseeschwalbe, die nach ihrem langen Flug aus der Antarktis eingetroffen ist, sucht zeternd ihren Nistplatz. Der graue Eissturmvogel gleitet in Zentimeterabstand über das Wasser, und Enten und Gänse bevölkern in Scharen die eisfreien Küstenstreifen.

Wir nutzen die uns zur Verfügung stehenden Tage reichlich aus. Nachdem wir die beiden Paddler wieder aufgefischt haben, setzen wir eine zweite Gruppe am Sveabreen ab, die mit Skiern den Gletscher und Umgebung erkunden soll. Ich selbst bleibe mit vier anderen an Bord. Die Gruppe plant eine Überquerung des Gletschers nach Ny-Alesund. Eine anspruchsvolle, aber nicht sehr schwierige Tour mit außergewöhnlichen Naturschönheiten. Nachdem mich die Gruppe aber über Funk informiert hat, daß sie die Gletscherüberquerung in der kurzen Zeit nicht schafft, gebe ich Order, den Versuch abzubrechen. Auch so bleibt dieser Ausflug ein Erlebnis. Und das nicht nur wegen der starken Landschaftseindrücke. Zum ersten Mal waren während der Tour Spannungen aufgetreten, da jeder offenbar mit unterschiedlichen Vorstellungen an diese Skitour herangegangen war. Auch ich bin ein wenig unzufrieden mit dem erzielten Ergebnis und fordere einen Tag später deshalb ein weiteres »Round-table«-Gespräch. Das hilft. Kritik wird von allen Seiten an fast jedem geäußert, auch an mir. Sie bleibt aber sachlich, und ich bemerke erleichtert, daß keiner darauf aus ist, den anderen zu verletzen. Im Gegenteil. Nichts wird verschwiegen, aber es wird fast behutsam argumentiert. Wir sind schon zwei Monate auf engstem Raum zusammen, Konflikte können dabei kaum ausbleiben. Ich bin froh zu sehen, wie an Bord damit umgegangen wird.

**Das herrliche Wetter und die günstigen Eisverhältnisse erlauben uns, tief in die Fjorde zu fahren.**

Unser Lager auf
dem Sveabreen.

Wir haben eine weitere Bewährungsprobe bestanden.

Bevor die Landgruppe ihren zweitägigen Exkurs unternommen hatte, war Chris mit seiner »Polaris« in Aktion getreten. In einer knappen Stunde war das Miniflugzeug montiert und hob mit Chris als Piloten und mir als warm eingepacktem Passagier vom Wasser ab. Eisiger Wind schlug uns am Gletscher entgegen. Die bizarren Muster des Fjordeises gingen direkt in die Abbruchkante des Sveabreens über.

Winzig klein unter uns die »Dagmar Aaen«. Gewaltig vor uns die Berge, Gletscher und Schneefelder. Die Arktis in dieser Dreidimensionalität zu erleben, ist vielleicht der vollkommenste Eindruck von den Schönheiten der arktischen Natur.

Wir verlassen den Isfjord und fahren außen am Prins Karls Forland vorbei nach Norden. Die See ist vollkommen eisfrei. Früh am nächsten Morgen laufen wir in den Kongsfjord ein und erreichen Ny-Alesund. Das Norsk-Polar-Institut ist dort vertreten, um die zahlreichen wissenschaftlichen Aktivitäten auf Spitzbergen zu koordinieren. Unterschiedliche Programme werden abgewickelt, u. a. führt auch das deutsche Alfred-Wegener-Institut Untersuchungen in der Ozonschicht durch. Ny-Alesund war aber auch Ausgangspunkt historischer Expeditionen. Zusammen mit dem Amerikaner Lincoln Ellsworth sowie dem Italiener Umberto Nobile ist Roald Amundsen von hier mit dem Luftschiff »Norge« Richtung Nordpol gestartet. Erstmals wurde das gesamte Polargebiet von Spitzbergen bis Teller in Alaska überflogen. Zwei Jahre später, 1928, geriet der erneute Versuch Umberto Nobiles, mit einer eigenen Mannschaft den Nordpol zu erreichen, zu einer

**Der »Smutje« ist wahrscheinlich der wichtigste Mann an Bord.**

**Raimer schafft es, auch bei schlechtem Wetter eine warme Mahlzeit zu bereiten.**

Katastrophe. Zwar erreichte die Expedition den Pol, beim Rückflug nach Spitzbergen aber wurde das Luftschiff »Italia« aufs Eis gedrückt und zerstört. Zahlreiche Hilfsexpeditionen retteten die meisten der verunglückten Polflieger. Der »Krassin«, ein russischer Eisbrecher, barg einen Teil der Verunglückten ab. Auch Roald Amundsen schaltete sich ein, um zu helfen. Bei dem Versuch jedoch, Hilfe aus der Luft zu bringen, stürzte er mitsamt seiner Mannschaft ab. Außer einigen Fragmenten des Flugbootes wurde nie wieder etwas von der Besatzung gefunden. Der Bezwinger der Nordwestpassage und Eroberer des Südpols war bei dem Versuch, anderer Menschen Leben zu retten, umgekommen.

Am Kap Mitra vorbei segeln wir weiter nach Norden Richtung Magdalenenfjord. Dieser Fjord ist wahrscheinlich der bekannteste von Spitzbergen. Kaum eines der zahlreichen Kreuzfahrtschiffe, die ihn auf ihrer Route auslassen. Die Touristenschiffe sind zahlreich in den Gewässern Spitzbergens vertreten. Obwohl es noch früh im Jahr ist, treffen wir bereits auf den zweiten Musikdampfer, die »Dostojewski«, unter sowjetischer Flagge. Einige Meilen, bevor wir in den Magdalenenfjord einlaufen, stoppe ich die »Dagmar«. Unweit der Stelle, an der wir jetzt dümpeln, ist auf der Seekarte die »Hamburgbugta« eingetragen: die »Hamburger Bucht«. Man muß schon sehr genau hinsehen, um die schmale Einfahrt zu erkennen. Mit der »Dagmar« können wir nicht einlaufen, da die Wassertiefe nur zwei Meter beträgt. Vielen, die hier vorbeifahren, mag diese kleine, seichte Bucht überhaupt nicht auffallen, und auch der Name braucht nicht gleich bei jedem Assoziationen wachzurufen. Aber die Bucht heißt nicht zufällig so. Die Hamburgbugta war das Ziel vieler deutscher Walfänger, die aus Hamburg, Glückstadt und anderen Orten kamen und von der Elbe aus im 17. Jahrhundert nach Spitzbergen segelten, um Wale zu fangen.

Während die eine Hälfte der Crew mit der »Dagmar« weiter Richtung Magdalenenfjord fährt, fahren wir anderen mit dem Beiboot an Land, um uns den Ort unserer segelnden Vorfahren anzusehen. Abends wollen wir die »Dagmar« wieder einholen. Wir machen das Dinghi klar und steuern auf die unscheinbare Einfahrt zu, während »Dagmar« unter Maschine weiterfährt. Die Bucht ist wunderschön gelegen. Eine Landzunge verdeckt den größten Teil der Einfahrt, und gleich hinter der Bucht erhebt sich ein Gebirgsmassiv mit gleißenden Schnee- und Eisfeldern. Auf der Landzunge sehen wir eine alte, verfallene Hütte stehen und landen dort an. Der Schnee ist bereits zum großen Teil getaut,

so daß wir das Gelände gut überblicken können. Unweit der Hütte, die offenbar zu einem späteren Zeitpunkt von einem Trapper errichtet worden ist, finden sich Grundmauern alter Behausungen. Hier also haben sie gelebt und offenbar auch gelitten, denn ein Stück weiter findet sich das erste Grab. Die Lebenserwartung der Walfänger war nicht hoch. Und einmal von ihrem blutigen Handwerk abgesehen, waren sie Pioniere, die weite Bereiche der Arktis vor den groß angekündigten offiziellen Polar-Expeditionen erforscht haben. Anders als die staatlich subventionierten Polar-Expeditionen, deren Aufgabe es war, neue Seewege oder Länder für Staat und Krone zu erschließen, hatten die Walfänger kein Interesse daran, ihr Wissen

**Die Walrosse sind ohne Scheu. Das wurde ihnen früher zum Verhängnis.**

weiterzuleiten. Der Konkurrenzkampf war hart genug. Er wurde derart brutal geführt, daß teilweise die Präsenz von Kriegsschiffen erforderlich war, um die jeweiligen Ansprüche durchzusetzen.

Es müssen hartgesottene Männer gewesen sein, die in den großen, klobigen und schwerfälligen Segelschiffen von Hamburg aus die Reise nach Norden antraten. Ohne Motor oder moderne Navigationsmittel. Selbstgefertigte Seekarten und Segelanweisungen wurden als Geheimnisse und Kostbarkeiten gehandelt. In naßkalten und stinkenden Unterkünften hausten die Männer wochen- und monatelang und teilten sich dabei den Raum mit Ratten. Bei Schnee und Eis mußten sie die Masten aufentern und die Segel bedienen. Durch schlechte Ernährung geschwächt und an Skorbut erkrankt, leisteten sie härteste körperliche Arbeit. Immer wieder kam es vor, daß Schiffe vom Eis eingeschlossen wurden und einen ganzen Winter lang festsaßen. Die Ausrü-

stung der Männer war dürftig und keineswegs den arktischen Verhältnissen angemessen. Schiffe wurden vom Packeis zerdrückt, Hilfe von außen konnte nicht erwartet werden. Das Harpunieren der Wale von kleinen Fangbooten aus, das Hantieren mit den scharfen Flensmessern, Rivalitäten, Streit und Krankheiten forderten einen hohen Blutzoll.

Wenn ich überlege, daß wir bereits zwei Monate bis hierher unterwegs sind, zwar mit einem traditionellen Segelschiff, aber doch mit genauen Karten, modernster Navigationselektronik, geheizten Unterkünften und geradezu verschwenderischem Essen an Bord! Trotzdem haben wir das Gefühl, ein hartes Stück Arbeit geleistet zu haben. Wie klein ist diese Arbeit aber im Vergleich zu der, die unsere segelnden Vorfahren geleistet haben.

**Walfängergrab in der »Hamburgerbucht«.**

Die Reste einer
alten Fängerhütte
in Björnhamna.

Spät am Abend haben wir die »Dagmar Aaen« wieder eingeholt. Sie liegt im Magdalenenfjord in der Gravesnest-Bucht vor Anker. Auch am nächsten Tag sind die »Dagmar Aaen« und das Dinghi getrennt unterwegs. Während ich mit einer kleinen Mannschaft im Dinghi durch das Sorgattet fahre, läuft das Schiff in den Virgohamna ein und geht dort vor Anker. Währenddessen landen wir im Björnhamna an – die Silbe »hamna« steht für Hafen. Eine gut erhaltene Hütte läßt darauf schließen, daß sich hier offenbar ein Trapper eingerichtet hat. Obwohl die Jagd auf Spitzbergen inzwischen sehr restriktiv gehandhabt wird, haben sich einige Trapper gehalten. Wir rühren die Hütte nicht an, sondern sehen uns lediglich Überreste einer weiteren Walfangstation an. Alte Walboote liegen kieloben am Strand. Sie sind verwittert und durchlässig wie ein Sieb, aber man sieht ihnen an, daß sie einstmals stabile, eisverstärkte Boote waren, die im kalten, trockenen Klima der Arktis über all die Jahrhunderte erhalten geblieben sind. Auf der gegenüberliegenden Seite liegt Danskøya, die dänische Station. Außer vielleicht einem Trapper und gelegentlichen Besuchern ist diese Landschaft menschenleer und wirkt unberührt. Eiderenten und Gänse nisten auf dem flachen Boden, so daß man aufpassen muß, nicht in ihre Gelege zu treten. Sie sind furchtlos, wenn sie auf dem Nest sitzen. Menschen sind ihnen unbekannt. Auf einem Hügel, ein Stück weiter die Küste entlang, entdecke ich ein Kreuz. Wir stoppen und wandern die Anhöhe empor. Das erste, was wir sehen, ist ein weiteres offenes Grab. Das Land scheint voll damit zu sein. Das Kreuz ist kunstvoll aus Eisen geschmiedet, und man sieht deutlich, daß der Zahn der Zeit daran genagt hat. Uns erstaunt die Inschrift, sie ist deutsch.

**Virgohamna –
die Überreste der
Andree-Expedition
sind heute noch gut
zu erkennen.**

»Dampfer Albert aus Bremen« ist zu lesen; ferner die Daten 1869 und Juli 14. Danach eine Reihe von Namen sowie ein nur schwer zu entziffernder Spruch.

Was hier genau passiert ist, wissen wir zu diesem Zeitpunkt nicht. Offenbar ist ein Bremer Dampfer gesunken oder in Schwierigkeiten geraten, ich werde es recherchieren müssen.

Nach einer weiteren Meile fahren wir in die Virgohamna-Bucht ein, wo die »Dagmar Aaen« schon wieder vor Anker liegt. Vielleicht ist es gerade die Geschichte, die der Landschaft eine gewisse Dramatik verleiht. Und der Geschichte begegnet man hier auf Schritt und Tritt. Der Virgohafen gelangte Ende des letzten Jahrhunderts zu trauriger Berühmtheit.

Als die »Fram« des Norwegers Nansen nach der Transpolardrift aus dem Packeis freikam und als erstes die Virgobucht ansteuerte, entdeckten die Norweger dort ein Expeditionslager mit großer Geschäftigkeit. Der Schwede Salomon Andree bereitete sich auf den Versuch vor, mittels eines Freiballons den Nordpol zu erreichen. Alle Versuche, über das Packeis zum Pol zu gelangen, waren gescheitert. Auch Nansen war es nicht gelungen. Andree wollte es auf dem Luftweg versuchen. Die »Fram« traf auf den »Ärnen« – den Adler, wie der Ballon hieß. Es schien, als wenn zwei Technologien aufeinanderprallten, die traditionelle Polarforschung und die moderne Luftfahrt. Schlechtes Wetter verhinderte den Start des Ballons in jenem Jahr. Erst am 11. Juli 1897 stieg Andree zusammen mit Fraenkel und Strindberg auf. Der Ballon sollte steuerbar sein. Mittels Schlepptrossen und Segeln hoffte Andree, auch gegen den Wind kreuzen zu können. Doch die Expedition scheiterte bereits im

Ansatz. Gleich nach dem Start berührte der »Ärnen« das Wasser, er verlor dabei die Steuertrossen und wurde beim Flug zum Spielball der Elemente. 50 Brieftauben hatte Andree an Bord genommen. Nach vier Tagen kehrte eine nach Virgohamna mit der Nachricht zurück, daß der »Ärnen« nach 46 Stunden noch fliege und alles wohlauf sei. Das war die erste und zugleich letzte Nachricht.

Zu diesem Zeitpunkt war die Expedition bereits dem Untergang geweiht. Drei Tage dauerte der Flug. Dann drückte die Eislast den durch Gasverlust erschlafften Ballon aufs Eis. Die Positionsbestimmung ergab 83 Grad Nord und 30 Grad Ost. Zu Fuß, ihre unzureichende Ausrüstung auf einem Schlitten hinter sich herziehend, erreichten die drei nach einer Odyssee über das Packeis schließlich Kvitöya, eine kleine Insel im Osten des Svalbard-Archipels. Die Außenwelt hatte keine Ahnung von dem Drama, das sich dort abspielte. Wilde Gerüchte entstanden, die Andree-Expedition wurde zum Mythos. Schließlich vergaß man sie.

Erst im Jahre 1930 wurden durch Zufall auf Kvitöya die Überreste eines Lagers sowie drei Leichname gefunden. Aus den fast vollständig vorhandenen Tagebuchaufzeichnungen ging hervor, daß es sich um die vermißte Andree-Expedition handelte. Die letzte Eintragung war am 17. Oktober gemacht worden. Die Überreste wurden unter großer nationaler Anteilnahme nach Schweden überführt und die Ausrüstungsgegenstände in einem Museum untergebracht. Lange Zeit blieb die Frage offen, woran die drei Männer eigentlich gestorben waren. Fleisch von Eisbären lag reichlich im Lager herum, somit konnten sie schwerlich verhungert sein. Aber genau das Eisbärenfleisch war es, das ihnen den Tod gebracht hatte. Eine Untersuchung ergab, daß es von Trichinen verseucht war. Das war des Rätsels Lösung. Die Männer waren vermutlich an Trichinose gestorben. Es gelang sogar, die Fotofilme der Expedition nach dieser langen Zeit im Eis zu entwickeln. Mit einem Mal hatte man einen Sprung in der Geschichte getan und das ganze Drama dieses Unternehmens vor Augen. Das Geheimnis war gelüftet.

Jetzt stehen wir vor den Trümmern des ehemaligen Ballonhangars. Ein Schrottplatz der Geschichte, durch Kälte und Trockenheit bestens konserviert.

Ich habe viel über die Andree-Expedition gelesen. Hier, wo die Reste des verhängnisvollen Unternehmens noch zu sehen sind, wird das Bild sehr lebendig. Nur zu gut kenne ich die Tücken des Packeises, die brutale Kälte und die Einsamkeit. Würde man diese Überreste der Expedition in ein Museum stecken, sie hätten ihre Aussagekraft eingebüßt. Nur hier im Norden, an dem ihnen zugedachten Bestimmungsort, sprechen sie zu einem.

Wir fahren weiter. Wir überqueren den 80. Grad nördlicher Breite. Von hier bis zum Nordpol ist die Entfernung geringer als bis nach Norwegen. Sechshundert Meilen trennen uns vom Pol. Aber aus Erfahrung weiß ich, wie schwierig diese sechshundert Meilen sind. Es ist die härteste Strecke, die ich kenne.

Wir stoppen kurz vor der kleinen Insel Moffen. Sie besteht lediglich aus einer flachen Sanddüne mit einer Lagune in der Mitte. Von weitem schon hören wir das Brüllen der Walrosse. Nachdem man diese Tiere gerade auf der Moffen-Insel gnadenlos verfolgt und geschlachtet hatte, hat sich jetzt wieder eine Kolonie von ihnen hier versammelt.

Der Sysselmann hat Moffen, wie andere Regionen Svalbards, unter Naturschutz gestellt.

Einige Stunden später gehen wir in der Mossel-Bucht, mitten in der Nacht, aber bei strahlendem Sonnenschein, vor Anker. Wieder ist es die Polargeschichte, die uns in diese Bucht gelockt hat. Ein Mann, dessen Spuren wir im Verlauf der ICESAIL-Expedition immer wieder kreuzen werden, hat hier zusammen mit siebenundsechzig Expeditionsteilnehmern überwintern müssen: Adolf Erik Nordenskiöld. Er war mit dem Ziel hierher gekommen, den Nordpol zu erreichen. Es war eigentlich geplant, nur mit fünfundzwanzig Mann den Winter hier zu verbringen. Der plötzlich einsetzende Eisgang versperrte jedoch zwei Versorgungsschiffen den Rückweg. So mußte eine weitaus größere Zahl an Menschen versorgt werden. Die Lage war ernst. Es ging nicht mehr darum, den Pol zu erreichen, sondern das bloße Leben zu retten. »Polhem« nannte Nordenskiöld die Überwinterungshütte, wie das Schiff, mit dem er angereist war. Hilfe kam für die Expedition erst im Juni des nächsten Jahres, als der Engländer Leigh-Smith mit der Yacht »Eira« die Mossel-Bucht anlief und Nahrungsmittel mitbrachte. Lediglich zwei Mann waren während der Überwinterung ums Leben gekommen. Nordenskiöld kehrte nach diesem erneuten Scheitern, den Pol von Spitzbergen aus zu erreichen, dem Archipel den Rücken und konzentrierte sich auf eine andere Aufgabe: die Durchfahrung der Nordostpassage. Die Überreste der »Polhem«-Station sind noch gut zu erkennen. Ein weiteres Zeugnis der menschlichen Anstrengungen, den Pol zu erreichen, die wie viele andere an den harten Bedingungen der Arktis scheiterten.

Von der Mossel-Bucht aus umrunden wir das Verlegenhuk, den nördlichsten Zipfel West-

Spitzbergens, und fahren in die Hinlopenstraße ein. Niemals hatte ich zu hoffen gewagt, schon im Juni diese Straße schiffbar vorzufinden. Nur selten gelingt es Schiffen überhaupt, die Passage zu bewältigen, und wenn, dann erst im Juli/August.

Die Eisverhältnisse in diesem Jahr scheinen für Spitzbergen günstig zu sein. Trotzdem bin ich mehr als skeptisch. Eine Eiskarte, die wir in Ny-Alesund erhalten haben, zeigt im Südteil der Hinlopenstraße $^{10}/_{10}$ Eisbedeckung, d. h. eine feste Eisdecke. Wir versuchen es trotzdem, wollen zumindest so weit vorankommen, wie es irgend geht. Das Wetter hat sich verschlechtert. Es weht ein eisiger Wind aus Südost, das ist ungünstig für uns. Er wird weiteres Eis in die Straße drücken. Je weiter wir kommen, desto dichter

**In der Mosselbucht, an der Nordküste Spitzbergens,** **liegen die Überreste von »Polhem«, dem Winterlager von Nordenskiöld.**

werden die Eisfelder. Einer von uns ist jetzt ständig in der Eistonne und dirigiert den Rudergänger. Zwei Mann sind als Ausguck beschäftigt, ein weiterer navigiert und überwacht das Radar. Eisschollen schrammen am Rumpf entlang. Es hat sich nichts geändert seit der Zeit, als der deutsche Kapitän Karl Koldewey auf der »Grönland«, einem ähnlichen Schiff wie der »Dagmar Aaen«, versuchte, die Hinlopenstraße zu durchqueren.

Die »Grönland« existiert noch heute. Sie befindet sich – hervorragend restauriert – im Besitz des Bremerhavener Schiffahrtsmuseums und wird dort auch regelmäßig für Seereisen eingesetzt. Sie ist eines der ganz wenigen Polarschiffe, die erhalten geblieben sind und darüber hinaus sogar noch in Fahrt.

Meine Skepsis behält recht: Wie die »Grönland« müssen auch wir den Versuch, die Hinlopenstraße zu durchfahren, aufgeben. Es ist noch zu früh im Jahr. Zudem drängt die Zeit, da wir am 2. Juli in Murmansk erwartet werden. Um nicht Gefahr zu laufen, vom Eis eingeschlossen zu werden, drehen wir in Höhe der Wahlberginsel um. Im Westteil der Straße ist, so weit wir blicken können, noch eine geschlossene Eisdecke. Lediglich im Ostteil zeigen sich offene Wasserrinnen. Fahre niemals in ein unüberschaubares Packeisfeld hinein, lautet eine alte Segelanweisung der Walfänger und Polarfahrer. Wir beherzigen sie und gehen wieder auf Nordkurs. Ohne weitere Zwischenstopps setzen wir den Kurs auf Kirkenes in Norwegen ab. Spitzbergen, eigentlich nur als Abstecher gedacht, ist fast zu einer eigenen Expedition geworden. Wir sind aufgewühlt von dem Erlebten. Die Geschichte, die noch so jung erscheint und überall präsent ist, und die einzigartige Naturlandschaft haben jeden von uns in ihren Bann gezogen. Wie immer nach solch bewegenden Eindrücken, brauche ich Zeit, um sie zu verarbeiten.

Die ruhige Rückreise über die Barents-See nach Kirkenes bringt sie uns.

# Nach Osten

Detlef Soitzek
setzt die sowjetische
Gastlandflagge.
Wir haben es
geschafft.

Die norwegische Stadt Kirkenes stellt für uns eine wichtige Zwischenstation dar. Es ist der letzte Ort vor der Grenze zur UdSSR. Hier würde sich endgültig entscheiden, ob sich der Schlüssel im Schloß dreht und wir Einlaß in die bislang für westliche Besucher gesperrten Gebiete der Sowjetunion erhalten.

Trotz vieler Zusagen von höchster diplomatischer Ebene dürfen wir uns nicht sicher sein. Es gibt viele Hardliner, denen unsere Expedition mehr als unwillkommen ist. Wir sind der Präzedenzfall. Bereits in diesem Jahr gab es eine Reihe von Anträgen für eine Genehmigung zur Durchquerung der Nordostpassage. Sie wurden alle abgelehnt. Einer italienischen Yacht, die nach Franz-Josef-Land segeln wollte, hat man finanzielle Auflagen in Millionenhöhe gemacht und dadurch das Projekt bewußt zum Scheitern gebracht. Einige Antragsteller wurden damit vertröstet, daß in diesem Jahr nur eine Genehmigung erteilt wurde: für die »Dagmar Aaen«. Das ist Balsam für unsere Seelen.

Und trotzdem bin ich angespannt. Die Erwartungen, die wir in der Öffentlichkeit geweckt haben, sind enorm. Selbst russische Abenteurer neiden uns die Fahrt. Viele von ihnen möchten erst Russen durch die Passage fahren sehen, bevor es die »Dagmar Aaen« tut. Und dann plagt uns die Frage: Wenn wir einreisen dürfen, werden wir auch, wie geplant, Orte und Landschaften aufsuchen dürfen oder müssen wir, bis auf einen Tankstopp, bis zur Beringstraße durchfahren? Ich will keine Rekordfahrt. Mir geht es vielmehr darum, soviel Kontakte mit der einheimischen Bevölkerung zu knüpfen wie möglich.

Im Grunde genommen setzt unsere Expedition die Tradition der historischen Polarexpeditionen fort. Sie waren aufgebrochen, um Neuland zu suchen, um das Wissen über unbekannte Länder und Regionen zu erweitern. Über 70 Jahre ist es her, daß Amundsen mit der »Maud« in die Passage einfuhr. Seither gab es keine private Expedition mehr in diesem nördlichsten sowjetischen See- und Küstengebiet.

Axel Czuday, ein deutscher Segler, hatte Ende der siebziger Jahre im Alleingang und ohne Genehmigung versucht, durch die Nordostpassage zu segeln. Er kam bis Dickson, wurde aufgebracht und an Bord eines Frachters zurück nach Norwegen transportiert. Er wollte einfach nur durch, heimlich, wenn nötig.

Ich will weder Heimlichtuerei noch Gesetzwidriges. Ich möchte mit behördlichem Segen einreisen und mich ohne Einschränkungen bewegen dürfen. Es besteht ein ungeheures Defizit an Informationen über diese Nordregionen der Sowjetunion, die sich wie überall in der UdSSR mitten im politischen und gesellschaftlichen Umbruch befinden. In wenigen Jahren wird man die Strukturen von heute nicht mehr vorfinden. Ich habe ein Kamerateam an Bord und möchte, daß es ungehindert arbeiten kann. Das ist viel verlangt von einem Staat, der dieses Polargebiet selbst seinen eigenen Bürgern zum Teil immer noch vorenthält. Zwangsläufig würden wir zahlreiche Militärbasen berühren. Militärs auf der ganzen Welt mögen so etwas nicht. Wir würden mit der Vergangenheit eines sich in Auflösung befindlichen sozialistischen Systems konfrontiert werden, über Dinge berichten, die man lieber nicht an die Öffentlichkeit zerrt. Aber uns geht es nicht um sensationslüsterne Anprangerei. Fünfzig Jahre nach dem Überfall deutscher Truppen auf Rußland gibt es auch heute für uns keinen Anlaß zur Selbstgefälligkeit. Im Gegenteil. Die Wunden, die die brutale Willkür der Nazis geschlagen hat, sind heute noch sichtbar. Über zwanzig Millionen Menschen hat die Sowjetunion während des Krieges verloren. Die Zeit in den abgelegenen Dörfern ist nicht so schnellebig wie bei uns. Man hat nicht vergessen. Misha Malakhovs Vater hat, wie mir Misha erzählte, im Konzentrationslager Dachau gesessen. Er hat überlebt – aber wer kann schon so etwas vergessen? Und trotz dieser Altlasten und auch trotz des Wunsches, die Passage durchfahren zu dürfen, will ich mich nicht zu Gefälligkeiten mißbrauchen lassen. Ich möchte die Sowjetunion auf unserer Reise so darstellen dürfen, wie ich sie erlebe. Vielleicht ist dieses Abenteuer auch nur Mishas und meine Art der Vergangenheitsbewältigung. Aber diese Aufgabe nehmen wir beide sehr ernst.

Man muß die Hintergründe kennen, um die eigentliche Intention unserer Reise zu verstehen. Sie soll kein düsterer Exkurs in die Geschichte sein. Es sollen vielmehr neue Kontakte und Freundschaften entstehen. Und wir möchten ein aktuelles Bild von dem Land vermitteln, das die Prozesse einer historischen Wandlung durchmacht. In der Öffnung liegt die Zukunft dieses riesigen Reiches. Ungerechtigkeiten, ökologische Desaster lassen sich nicht durch Stillschweigen beheben, sondern nur durch Offenheit und die Bereitschaft zum Dialog.

Ich treffe mich mit Misha an einem kleinen Übergang an der norwegisch-sowjetischen Grenze, ca. zwanzig Kilometer von Kirkenes entfernt. Er ist zusammen mit Vassili aus Murmansk eingetroffen, um mit uns letzte Einzelheiten zu besprechen. Wie üblich quillt er bei solchen Treffen über vor Neuigkeiten, umarmt und drückt erst Brigitte und dann mich. Darryl und Misha haben sich seit der gemeinsamen Nordpol-Expedition von 1989 erst einmal kurz gesehen. Entsprechend herzlich fällt jetzt die Begrüßung aus. Aber außer Misha und Vassili sind noch weitere Freunde in Kirkenes eingetroffen: Meine Mutter, Holger Hansen, Astrid Eggers, Rolf Becker und Astrid Bockstette erwarten uns im Hotel. Die Familie ist seit langer Zeit wieder vollständig.

Der Aufenthalt in Kirkenes ist begrenzt, da wir bereits am 1. Juli abends in Murmansk erwartet werden. Misha teilt uns das nicht ohne Stolz mit. Der erste Stein von einer ganzen Reihe, die noch folgen sollen, fällt mir vom Herzen. Während die Schiffscrew unter der Leitung von Rainer das Schiff noch einmal gründlich überholt und Detlef im Taucheranzug stundenlang versucht,

107

Администрация Северного морского пути Министерства морского флота СССР
**Northern Sea Route Administration of the Ministry of Merchant Marine USSR**

РАЗРЕШЕНИЕ НА ПРОВОДКУ
**PERMISSION FOR LEADING**
СУДНА ПО ТРАССЕ СЕВЕРНОГО МОРСКОГО ПУТИ (СМП)
**VESSEL THROUGH THE SEAWAYS OF THE NOTHERN SEA ROUTE (NSR)**

Выдано на основании "Правил плавания по трассам Северного морского пути 1991 г."
**Given in accordance with "Regulations for navigation on the seaways of theNorthern Sea Route ,1991"**

| Название<br>Name<br>судна<br>of the<br>ship | Год<br>Year<br>постройки<br>of build | Позывные<br>Call<br>signs | Порт<br>Port<br>приписки<br>of Regis-<br>try | Полное<br>Full<br>Водоизме-<br>Displace-<br>ment | Ледовый<br>Ice<br>класс<br>class | Мощность<br>Output<br>главной<br>of main<br>установки<br>engines | Винт<br>Screw<br>(конструкция,<br>(construction,<br>материал)<br>material) |
|---|---|---|---|---|---|---|---|
| _Eagnar_ _Glan_ | 1931 | DJXX | _Wewels_ _Fleth_ | 70 т | | 180 hp | _steel_ _ice proteket_ |

Я, нижеподписавшийся__ _MICHAILICHENKO_ ___ удостоверяю, что вышеназванное судно может
**I, the undersigned** (фамилия) **Name** **certify, that above - mentioned ship can be**
принято под проводку по трассе Северного морского пути от _WESTERN_ _ENTRANCES_ _OF_ _THE_ _NSR_
**taken for the leading through the seaways of the Northern Sea Route from** _NOVAYA_ _ZEMLYA_ _STRAITS_
до__ _PORT_ _OF_ _IGARKA_ _____ при наличии на его борту во время следования по трассе
**to** **with a State Ice-Pilot NSRA on board while sailing through**
Государственного ледового лоцмана АСМП.
**seaways**

Выход на трассы СМП _NOVAYA_ _ZEMLYA_ не позднее ___ _25 aug 1991г_ ___
**Exit to seaways NSR** _STRAITS_ **not later then**

Настоящее разрешение не дает право на проведение в момент нахождения на трассе Севморпути
**This PERMISSION does not give the right to conduct scientific research and for of fishing,while**
научных исследований, рыбной ловли.
**passing through the Northern Sea Route.**

Названное выше судно имеет страховой полис или иное финансовое обеспечение, удостоверяющее
**The above-named ship has got a polisy of insurance or othe financial**
требованиям статьи VII Международной конвенции о гражданской ответственности за ущерб от
**security statisfying the requirements of Article VII of the International Convention on Civil**
загрязнения нефтью 1969 г.
**Liability for Oil Polluttion Damage, 1969.**

Вид обеспечения__ _ледовый защитный проводка_ _
**Type of Security**
Срок действия обеспечения___ _15.09.91_ _
**Duration of Security**
Наименование и адрес страховщика (страховщиков и/или лица (лиц), предоставивших их финан-
**Name and Address of the Insurer(s) and/or Guarantor(s)**
совое обеспечение_____ _ALDINGA_ _2000_ _HAMBURG_ _
**Наименование**_____ _Icesail_ _
**Name**
Адрес___ _Icesail_ _BRAMFELDER_ _CH 346 2000_ _
**Address** _HAMBURG 71_

Настоящее РАЗРЕШЕНИЕ действительно до__ _15. 9. 91_ _
**This PERMISSION is valid until**

Удостоверяю по уполномочих Администрации Северного морского пути
**Ctrtified by the authority of the Northern Sea Route Administration**
в__ _MURMANSK_ ____ "_09_" _aug_ ___ 199_1_г. N _3_ _
**at (место) Place** (дата) **Date** **Number**

Представитель(ли) Администрации Севморпути
**Administration Represantive(s) of NSR**

einen neuen Schwinger für das Echolot einzubauen, sitze ich mit Holger, Astrid und Misha zusammen und bespreche den weiteren Ablauf. Misha präsentiert uns das Ergebnis seiner Arbeit: »Rußland erwartet euch«, beginnt er seine Ausführungen. Eine Reihe von russischen Städtenamen sprudeln über seine Lippen. Zu schnell für uns, um sie verstehen zu können. Da eine Landkarte nicht zur Hand ist, skizziert er auf einer Serviette die Küste der UdSSR und zeichnet anschließend die verschiedenen Anlaufpunkte ein.

Das Weiße Meer ist umfangreicher vertreten, als ich es erwartet habe. Bisher war stets nur die Rede von Archangelsk gewesen, jetzt sollen wir sogar noch andere Orte besuchen dürfen. Dazu – und das ist das Wichtigste – ohne Auflagen. Wir alle, einschließlich des Kamerateams, können filmen und fotografieren, was immer wir wollen. Entgegen dem Brauch, westlichen Schiffen eine Wache an die Gangway zu stellen, würde man uns völlig freistellen, mit wem, wann und wo wir sprechen wollen. Dabei brauchen wir nicht einmal ein Visum. Alle maßgeblichen Behörden, einschließlich KGB und Militär, haben unserer Reise zugestimmt. Einen Wermutstropfen gäbe es dennoch, fährt Misha fort. Derzeit gibt es keine Genehmigung für ausländische Schiffe, einen Hafen östlich von Kap Tscheljuskin anzulaufen. »Ich kann dir auch nicht sagen, warum«, beantwortet er meinen fragenden Blick. Auf dem Landwege dürfen die Hafenstädte aufgesucht werden, nur auf dem Seewege nicht. Um Verwicklungen mit Behörden zu entgehen, schlägt Misha vor, in Igarka am Jenissei, mitten in Sibirien zu überwintern. »Was würde passieren, wenn wir einfach weiterfahren, ohne einen sowjetischen Hafen anzulaufen?« »Das wäre möglich. Allerdings würde es diplomatische Verwicklungen geben, falls ihr in irgendeiner Weise Hilfe benötigen solltet oder durch Eis an der Küste festgehalten würdet.

Ein neuer Schwinger für das Echolot wird in Kirkeness montiert.

Detlef muß dazu stundenlang unter Wasser am Rumpf arbeiten.

**Linke Seite:**
**Ein Dokument mit historischer Bedeutung:**
**Die Einreisegenehmigung für die »Dagmar Aaen« in die Nordostpassage.**

Außerdem denke ich, daß du unser Land kennenlernen und keine neue Rekordzeit aufstellen willst. Überwintern müßt ihr ohnehin. Eine Überwinterung in Sibirien wäre ein Abenteuer für sich.« Ich stimme ihm zu, dennoch habe ich Einwände. Wenn das Eis am Kap Tscheljuskin in diesem Jahr günstig sein sollte, dann möchten wir auch versuchen, das Kap zu umfahren. »Im nächsten Jahr können die Verhältnisse ganz anders sein.« Misha nickt. »Aber nach dem derzeitigen Stand der Dinge müßtet ihr dann bis Alaska durchfahren. Ohne Zwischenstopp, ohne den östlichen Teil der Sowjetunion gesehen zu haben. Du mußt entscheiden!«

Ich bin sehr nachdenklich geworden. Obwohl eine Überwinterung in Sibirien immer mal wieder diskutiert worden ist, glaube ich, daß einige von der Crew enttäuscht sein werden, wenn wir nicht, wie geplant, zur Beringstraße durchsegeln werden.

Aber ich habe einfach zu viel Arbeit in das Projekt gesteckt, um jetzt ohne Zwischenstopp vom Kap Tscheljuskin bis nach Alaska durchzufahren und damit die Expedition zu gefährden. Dennoch möchte ich gern das Kap runden und bitte Misha, sich dafür einzusetzen. Er verspricht es, und so warten wir erst einmal ab. Vielleicht werden sich im Verlauf der nächsten Wochen doch noch andere Möglichkeiten eröffnen. Auf jeden Fall wäre eine Überwinterung in der UdSSR zweifellos interessanter als in Alaska.

Für uns ist zunächst einmal das Wichtigste, daß wir, von Kirkenes aus gesehen, »rechts herum« fahren. Holger kann es immer noch nicht glauben. Und tatsächlich durfte sich bisher keiner von uns sicher sein, daß es wirklich Richtung Osten gehen würde. Auch in letzter Sekunde hätte uns noch ein »Njet« stoppen können. Aber jetzt ist es sicher: Wir haben grünes Licht für eine Reise, von der wir so lange geträumt haben.

Die Tage in Kirkenes fliegen dahin. Die Mannschaft ist hektisch, ein wenig nervös und auch gereizt, da es nie einen Moment der Ruhe und Entspannung gibt. Die Abende verbringen wir beim gemeinsamen Essen in einem Restaurant. Geschlafen wird kaum. Schließlich ist das Schiff wieder vollgetankt und neu verproviantiert. Am Abend des 30. Juni verabschieden wir uns von den »Hamburgern« und gehen an Bord. Bei mildem Sommerwetter verlassen wir Kirkenes.

**Wir verlassen Kirkeness. Am Kai stehen Holger Hansen, Rolf Becker, Astrid Eggers und Astrid Bockstette (von links nach rechts). Ein wenig sehnsüchtig blicken uns die Freunde nach.**

Kurz vor Mitternacht nähern wir uns der Grenze. Zwei Steinmarkierungen an Land zeigen den Grenzverlauf deutlich an. Wir fahren langsam an der Küste entlang und warten, bis die beiden Markierungen in Deckung sind. Dies ist der Moment, auf den wir alle so lange gewartet haben. Wir überfahren genau um 0.00 Uhr – wie selbstverständlich – die Grenze zur Sowjetunion. Dabei ist das alles andere als selbstverständlich. Für mich bedeuten diese Stunden mehr als nur eine Grenzüberschreitung. Das Schiff segelt jetzt in der Nordostpassage ... Ich spüre etwas von der historischen Bedeutung. Mit unserer Einreise wurde mehr als eine Grenze überschritten. Sie ist Zeichen für den Beginn einer neuen Ära im Verhältnis zwischen der UdSSR und dem Westen. Aber das politische Entspannungsklima hat uns nicht allein geholfen. Wie wenig selbstverständlich unsere Einreise ist, können im Moment nur wenige ermessen. Sie ist der Lohn unzähliger Arbeitsstunden und zäher Verhandlungen. Der Jugend- und Kulturaustausch, den wir seit zwei Jahren mit der UdSSR betreiben, hat seinen Teil dazu beigetragen. Astrid Bockstette und Gore, die das Risiko kannten und dennoch an uns geglaubt haben, tragen diesen Erfolg mit. Nicht zu reden von Holger, Misha, Astrid, Elke, Rolf und natürlich Brigitte, die alles darangesetzt haben, damit wir in der Nacht zum 1. Juli in sowjetisches Gebiet einsegeln können. Das Überfahren der Grenze ist für mich der vorläufige Höhepunkt in der Zusammenarbeit mit einem begeisterungsfähigen und gestalterischen Team.

Wenige Minuten später werden wir auf englisch von einem sowjetischen Patrouillenboot über Funk angesprochen. Gespannt umringen wir das Funkgerät. Was hat das zu bedeuten? Gibt es schon jetzt Probleme? Unsere Sorge löst sich schnell auf. Nachdem wir unseren Schiffsnamen und unser Ziel Murmansk angegeben haben, ist man zufrieden. Offenbar ist die Schiffsführung informiert. Man wünscht uns eine gute Reise, und damit sind wir endgültig im sowjetischen Hoheitsgebiet. Es sind die ersten Minuten des 1. Juli, zugleich Detlef Soitzeks Geburtstag. Jubel bricht aus – wir sind endlich da! Grund genug, zwei Flaschen Sekt zu öffnen und auf diesen Tag anzustoßen.

ICESAIL hat endgültig begonnen. Früh am Morgen sende ich Holger ein Telefax: »Wir sind »rechts herum« gefahren. Gruß Arved«. Später erfahre ich, daß im Büro in Hamburg niemand in dieser Nacht geschlafen hat. Zwei Jahre Arbeit finden einen Niederschlag in Stunden. Ich spüre in diesem Augenblick eine große Verbundenheit. Wir haben uns ein Ziel gesetzt. Wir haben es erreicht.

# Eine Städteodyssee

Murmansk ist der wichtigste Hafen der UdSSR an der Nordmeerküste und unser erster Hafen in Rußland. Wir werden freundlich empfangen.

Wir sind mit einem Mal in eine andere Welt eingetaucht. Wer glaubt, ein Abenteuer bedeute stets die Auseinandersetzung auf Leben und Tod mit den Naturgewalten, hat den ursprünglichen Sinn des Wortes nicht begriffen. Obwohl keine Gefahren auf uns lauern, haben wir alle das Gefühl, einem Abenteuer beizuwohnen. Ein Segelschiff wie die »Dagmar Aaen« ist ein ungewohnter Anblick in den Gewässern von Murmansk. Schiffe fahren neben uns her, überall sehen wir neugierige Gesichter. Wir passieren immer wieder Ansammlungen von Kriegsschiffen. Ganze Städte scheinen sich hier versammelt zu haben, die nur aus Militärs bestehen.

Kriegsschiffe aller Größen und Gattungen säumen unseren Kurs und wirken bedrohlich. Hochmodernes wie altes Kriegsgerät ist in großen Mengen vertreten. Der Unterhalt nur dieser Flotte muß horrende Summen verschlingen, Gelder, die an anderen Stellen bitter benötigt werden, fließen in einen aufgeblasenen Apparat und verpuffen sinnlos. Immer wieder hören wir bei Gesprächen mit der Bevölkerung den Mißmut über diese Vergeudung von Steuergeldern. Der Lotse, den wir wenig später übernehmen, fragt mich mit dem Hinweis auf die vor Anker liegenden Kriegsschiffe, ob ich ein Auto hätte. Ich bejahe. »Siehst du«, sagt er, »ich würde auch gern eines haben, kann es mir aber nicht leisten, da alle Gelder für den Militärapparat benötigt werden. Und selbst wenn du ein Auto hast, dann bekommst du noch lange kein Benzin, um damit zu fahren. Dort drüben«, und er deutet auf die Kriegsschiffe, »gibt es alles«. Ich versuche, ihm zu erklären, daß im Westen genauso viel für Rüstung ausgegeben wird wie hier. »Aber trotzdem geht es euch besser«, kommt sofort sein Einwand. Diese Gespräche, wie viele andere, die wir noch führen werden, zeigen, daß sich die Militärs einer zunehmenden Kritik im eigenen Lande ausgesetzt sehen.

Der Lotse ist eine markante Erscheinung, groß gewachsen, mit einer amerikanischen Schirmmütze auf den blonden Haaren. Er sieht gar nicht so aus, wie wir uns einen russischen Lotsen vorgestellt haben. Da man uns vorher nicht klar gesagt hatte, ob wir einen Lotsen nehmen müssen oder nicht, hatten wir abgewartet. Plötzlich war ein Lotsenboot längsseits gekommen, hatte uns deutliche Zeichen zum Stoppen gegeben, und der Lotse war an Bord der »Dagmar Aaen« gestiegen. Ich glaube nicht, daß er weiß, daß er der erste Lotse an Bord der »Dagmar« ist. Für ein Schiff dieser Größe ist die Lotsenpflicht ungewöhnlich. Aber die Bürokratie will es so. Er redet mich stets mit »Master« oder »Kapitän« an, wobei die Crew an Bord in ein breites Grinsen verfällt. Ich bin für sie der »Skipper« und fühle mich mit diesem Titel auch viel wohler. Der einzige, der die Berufsbezeichnung »Kapitän« verdient, ist Detlef Soitzek. Er fährt seit über 20 Jahren zur See und verfügt auch über das Kapitänspatent auf »großer Fahrt«. Ich komme mir deshalb ein wenig wie ein Hochstapler vor. Wahrscheinlich ist unser Lotse nur verwundert, daß keiner an Bord eine Uniform trägt und ich höchstpersönlich den Kaffee serviere. Er hat eine Fülle von Briefumschlägen mitgebracht, um sie mit unserem Schiffsstempel abstempeln zu lassen. Als ich ihm sogar beide, Expeditions- und Schiffsstempel, gebe, ist er begeistert.

Man hat uns den besten Liegeplatz in Murmansk zugewiesen. Der Lotse versichert uns, daß sich alle Menschen in Murmansk über unseren Besuch freuen. Es gibt zwar mittlerweile sogar eine Fähre von Kirkenes nach Murmansk, aber der Besuch eines fremden Segelschiffes ist immer noch eine Seltenheit.

Letztes Jahr fand eine Regatta nach Murmansk statt, an der einige ausländische Yachten teilgenommen hatten. Auch jetzt soll eine holländische Yacht im Hafen liegen, die auf eine Genehmigung hofft, weiterfahren zu dürfen. Vergebens, wie wir einige Stunden später hören.

Zusammen mit dem Lotsen waren bereits einige Journalisten an Bord der »Dagmar« gekommen. Die ersten Interviews finden an Bord statt. Eine Barkasse hat sich uns angeschlossen, auf der wir ein Kamerateam ausmachen können, das uns filmt. Menschen stehen an Deck und winken uns zu. Die Hafenstadt Murmansk liegt jetzt vor uns. Ich hatte Berichte von der Tristesse und Baufälligkeit dieser Stadt gehört. Vielleicht liegt es am schönen, sommerlichen Wetter, vielleicht an der Geschäftigkeit des Hafens, daß die Stadt auf uns einen lebendigeren Eindruck macht, als wir es erwartet hatten. Der Lotse geleitet uns an einen Schwimmsteg, auf dem schon eine Schar von Leuten auf uns wartet, allen voran Misha, der uns vorausgeeilt war. Kaum haben wir festgemacht, als eine Gruppe Uniformierter an Bord steigt und freundlich, aber sehr bestimmt darum bittet, die Schiffspapiere sehen zu dürfen. Die ersten Minuten in der Messe verlaufen formal und steif. Nachdem sie aber die Papiere für korrekt befunden haben und wir ein wenig ins Gespräch gekommen sind, schlägt die Atmosphäre von formaler Höflichkeit in freundliche Gesprächigkeit um. Ich hole das in Leder gebundene Gästebuch hervor. An den Gesichtern der Offiziere sehe ich, daß sich einige geschmeichelt fühlen. Wir trinken Tee und unterhalten uns, so gut es geht. Immer wieder versichert man uns, daß wir uns vollkommen frei bewegen können. Auch von einer Wache am Schiff, wie sonst üblich, hat man abgesehen.

Gebühren für den Lotsen sowie den Liegeplatz erläßt man uns ebenso großzügig wie ein Entgelt für Frischwasser. Wir sind Gäste, und das spüren wir in jeder Minute.

Misha hat den Offiziellen etwas von unserem Ultralight-Flugzeug erzählt. Die Sensation ist perfekt! Geradezu innig bittet man Chris, doch eine Runde zu fliegen, dafür würde sogar der Hafen kurzfristig gesperrt werden. Das versuche mal einer im Hamburger Hafen! Obwohl das Wetter alles andere als günstig ist, dreht Chris am nächsten Tag einige Runden über dem Hafen von Murmansk. Es ist böig, und der Wind wechselt tückisch seine Richtung, so daß Chris alle Hände voll zu tun hat. Es hat sich eine staunende Menge eingefunden, die nicht glauben mag, daß ein Schlauchboot fliegen kann. Einige hatten vorab leichtfertig den Wunsch geäußert, eine Runde mitfliegen zu wollen. Als sie sehen, wie die Windböen das Fluggerät hin und her werfen, nehmen sie schnell Abstand davon. Aber Chris ist der Held. Anhaltender Applaus wird ihm entgegengebracht, als er schließlich wieder an den Steg gemotort kommt. Fernsehteams haben den Flug gefilmt und werden ihn in der gesamten UdSSR im Fernsehen zeigen.

Das Programm vereinnahmt uns vollkommen. Wir wissen kaum, wie uns geschieht. Ständig sind neue Leute an Bord, die herumgeführt werden wollen. Einladungen und Empfänge jagen einander, so daß kaum Zeit zum Luftholen bleibt. Die »Dagmar Aaen«, unser enges Zuhause, ist zu einem Ausflugsziel geworden, und wir selbst sind nicht mehr Herr unserer selbst. Dazu fließen Ströme von Wodka, denen wir uns nur schwer widersetzen können. Die Russen haben eine Vorliebe für Trinksprüche. Kaum hat je-

**Einer der freundlichen Uniformierten in Murmansk.**

115

Der Bürgermeister von Murmansk und sein Stellvertreter statten uns an Bord der »Dagmar Aaen« einen Besuch ab.

mand einen Toast ausgebracht und man daraufhin mutig sein Wodkaglas geleert, als es auch schon wieder vollgeschenkt wird für den nächsten Trinkspruch. Murmansk gerät für die Crew zur Nagelprobe. Diese totale Vereinnahmung geht einigen über das erträgliche Maß hinaus. Ich versuche, ihnen zu erklären, daß unsere Expedition eben auch zu repräsentieren hat und daß eine Expedition immer mit Arbeit gleichzusetzen ist, welcher Art auch immer. Wir genießen einen besonderen Status während unseres Aufenthaltes in der UdSSR, und dafür erwartet man wohl auch zu Recht Aufgeschlossenheit und Bereitschaft zum Dialog von uns.

Von der soundsovielten Schiffsführung eilen wir im Laufschritt zu einem Saunabesuch, immer angetrieben von Vassili, unserem von Centre Pole gestellten Begleiter in Murmansk, der uns mit seinem gut gemeinten »quickly, quickly« langsam auf die Nerven geht. Von der Sauna geht es im Eiltempo auf einen großen Eisbrecher, wo uns der Kapitän schon erwartet, um uns sein Schiff zu zeigen. Natürlich ist ein Gegenbesuch auf der »Dagmar Aaen« unabdingbar, so nimmt der Tag seinen Lauf. Der Besuch einer Schulklasse steht auf dem Programm. Ein Abendessen im noblen Kapitänsclub schließt sich an. Wir werden auf liebenswerte Weise überfahren. Immer wieder stehen Menschen an der Pier, um uns Geschenke zu überreichen. Un-

sere Grußkarten und die ICESAIL-Aufkleber finden reißenden Absatz.

Während eines Museumsbesuches sehen wir Fotos des zerstörten Murmansk. Murmansk war wiederholt das Ziel massiver deutscher Luftangriffe, um die Nachschublinien der Alliierten zu zerstören. Die Geleitzüge endeten in Murmansk, und so wurde die Stadt dem Erdboden gleichgemacht. Erschütternde Fotos, die die Vergangenheit schrecklich gegenwärtig machen.

Die Erinnerung an diese Zeit ist in Murmansk noch sehr lebendig. Im Gegensatz zu unserer Erinnerung an die Kriegszerstörungen. Trotzdem: Es sind die aktuellen Probleme, die die Leute beschäftigen. Der Begriff Perestroika hat hier einen anderen Klang als bei uns. Zwar halten alle, mit denen wir sprechen, den eingeschlagenen Weg für den richtigen, aber es geht ihnen viel zu langsam. Gorbatschow, dem geistigen Vater dieser Bewegung, bringt man nur wenig Glauben entgegen, alle Hoffnungen ruhen auf Boris Jelzin, der gerade zum russischen Präsidenten gewählt worden ist. Dabei scheint die Versorgungslage auf den ersten Blick gar nicht so schlecht zu sein. Überall gibt es kleine Stände auf den Straßen und Plätzen, an denen man die Dinge kaufen kann, die es in den spartanisch eingerichteten Warenhäusern nicht gibt. Allerdings zu Preisen, die sich nur wenige leisten können.

116

Wir haben unser Geld zum offiziellen Wechselkurs von 1:15 getauscht. Die Kaufkraft der DM ist gewaltig und verfälscht den Blick für die Realität. Mit 300 Rubel Monatsverdienst (für uns umgerechnet 20 DM!) müssen die meisten Familien auskommen. Einige der angebotenen Waren sind schlicht unerschwinglich für den Durchschnittsbürger. Trotzdem haben wir nicht den Eindruck von Niedergeschlagenheit in der Bevölkerung. Eher von Aufbruchstimmung und Selbstbewußtsein. Keiner scheut sich mehr, über Politik oder Umweltprobleme zu reden. Die Macht der alten Funktionärskaste scheint gebrochen. Aber ist sie es wirklich? Murmansk ist sicher keine Stadt, die durch besondere Schönheit auffällt. Sie ist, der Not gehorchend, nach dem Krieg im Schnellverfahren wieder aufgebaut worden. So sieht denn auch der Bürgermeister, der uns an Bord der »Dagmar Aaen« besuchen kommt, für die Stadt eine bessere Zukunft voraus. Der Neubeginn habe gerade erst begonnen. Und die Rolle von Murmansk als Hafenstadt werde in den nächsten Jahren mit Sicherheit an Bedeutung gewinnen. Und auch die Nordostpassage könne für die internationale Schiffahrt attraktiv werden.

Nicht umsonst haben die alten Polarforscher über Jahrhunderte hinweg versucht, diesen Seeweg zu öffnen. Viele setzten dabei ihr Leben aufs Spiel. Zahlreiche Expeditionsschiffe strandeten im Packeis. Erst die moderne Technik ermöglichte eine sichere Passage für Schiff und Besatzung. In den vergangenen Jahrzehnten hat die UdSSR die Voraussetzungen für eine sichere Passage geschaffen. Satellitenbilder und Polarstationen übermitteln wichtige Daten über die Eisverhältnisse im Nördlichen Seeweg. Riesige Eisbrecher geleiten die Handelsschiffe selbst durch meterdickes Eis. Die Murmansk Shipping Company, für den ersten Teil der Passage zuständig, hat sich deshalb auch unserer Belange angenommen. Wir schließen einen Vertrag, der uns aktuelle Informationen zusichert sowie in einigen Bereichen die Unterstützung von Lotsen.

Die »Dagmar Aaen« hat auch vor den kritischen Blicken der Eismeerkapitäne standgehalten. Unsere Chancen durchzukommen, werden von allen als gut eingeschätzt. Beeindruckt von den modernen Navigationsinstrumenten sowie der aufwendigen Umgestaltung des Rumpfes, schickt man uns mit den besten Wünschen auf die Reise. Das holländische Pärchen, das mit einer Yacht nach Murmansk gesegelt ist, sucht verzweifelt Rat bei Misha wegen der Durchfahrtsgenehmigung. Der weiß aber so schnell auch keinen Ausweg. So bleibt ihnen nur die Umkehr.

Unter reger Anteilnahme der Bevölkerung verlassen wir am 6. Juli Murmansk. Wir sind müde und haben wahrscheinlich alle einen leichten Leberschaden! Der erste Kontakt mit der russischen Stadt hat uns förmlich aufgesogen. Wir sind froh, wieder einige Tage auf See zu sein. Unser nächster Hafen wird Archangelsk im Weißen Meer sein.

# Das Weiße Meer

Farbenfrohe
Trachten auf einem
Folklorefestival in
Archangelsk.

In Murmansk war Slava Melin zur Expedition gestoßen. Er ist ein alter Schulkamerad von Misha, und ich war ihm bereits vor einigen Monaten in Rjasan begegnet. Damit ist endlich auch ein russischer Teilnehmer an Bord. Slava ist ein stiller, sehr bescheidener Mann. Obwohl er recht gut englisch spricht, ist er zurückhaltend und versucht sich mit viel Feingefühl in die »eingearbeitete« Gruppe zu finden. Keine leichte Aufgabe. Nach rund drei Monaten auf dem Schiff haben sich alle Abläufe eingeschliffen. Was für uns inzwischen selbstverständliche Bordroutine ist, ist für Slava neu. Hinzu kommt die Hektik von Murmansk. Keine Minute, in der wir ihn ungestört hätten einführen können. Statt dessen entnervte Gesichter und ein von Menschen überquellendes Schiff. Es ist schwer, sich als Neuling in einer gut eingespielten Gruppe zurechtzufinden – aber Slava meistert dieses Problem mit viel Einfühlungsvermögen. Er kennt sich aus mit solchen Situationen. Seit 1978 arbeitet er regelmäßig auf sowjetischen Forschungsstationen in der Arktis und Antarktis. Er ist Funker und Meteorologe und kennt die sowjetische Arktis bestens. Er würde fortan nicht nur den gesamten Funkkontakt mit den Behörden abwickeln, sondern auch Kontakt mit Forschungsstationen aufnehmen, Informationen über Eis und Wetter einholen und dolmetschen, wo immer es nötig sein sollte. Die teilweise jahrelangen Aufenthalte in den abgelegenen Polarstationen haben diesen Mann geformt. Ihn kann es nicht erschüttern, daß wir im Moment von den Ereignissen gestreßt sind. Liebenswürdig und ruhig fügt er sich in die jeweilige Situation ein, bringt uns durch seine trockenen Späße immer wieder zum Lachen und erobert sich innerhalb kürzester Zeit die Herzen aller an Bord. Er ist in jeder Hinsicht eine Bereicherung unserer Mannschaft. Ich bin froh und erleichtert, denn jemand mit weniger Fingerspitzengefühl als Slava würde sich unweigerlich Problemen mit der Mannschaft gegenübersehen. Außerdem nimmt er mir eine weitere große Sorge: Raimer, unser Koch, wird uns Ende Juli verlassen müssen. Ursprünglich hatte er nur geplant, bis Anfang Juli mitzufahren.

Einigen Telefonaten, seiner Überredungskunst und besonders der Toleranz seiner Frau Louise ist es zu verdanken, daß er bis Ende des Monats bei uns bleiben kann. Vom menschlichen Verlust einmal abgesehen, wer sollte die Lücke des Kochs ausfüllen? Raimer ist Profi, und das merkt man bei allem, was er in der Pantry macht. Wir anderen hingegen sind bestenfalls Hobbyköche, und das ohne großen Enthusiasmus. Slava löst das Problem, indem er fragt, ob er diesen Posten übernehmen könne. Er habe in verschiedenen Forschungsstationen bereits Erfahrungen im Kochen gesammelt, und außerdem habe er Spaß daran. Uns fällt ein Stein vom Herzen. Die Schreckensvisionen von angebrannten Nudelgerichten, klebrigem Reis und lauwarmen Suppen verblassen. Slava, der neue Mann, hat sich im Nu die Sympathien aller eingehandelt. Während wir in das Weiße Meer einlaufen, treffen wir erneut auf ein Kriegsschiff. Da wir gerade dabei sind, das Großsegel zu reffen, geht es recht geschäftig an Deck zu. Offenbar vermutet man irgendwelche Probleme und fragt über Funk an, ob wir Hilfe benötigen. Als Slava dankend ablehnt und kurz den Vorgang des Reffens erklärt, wünscht man uns gute Fahrt und gibt uns sogar noch den neuesten Wetterbericht durch. Wir werden überaus freundlich behandelt. Keine Frage nach unserer Herkunft oder nach dem Zielort, offenbar ist man bestens über jeden unserer Schritte informiert. Wir haben den Kurs auf Archangelsk abgesetzt, unseren nächsten Hafen. Auf dem Weg dorthin stellen wir eine Verfärbung des Seewassers fest, und sofort setzen Diskussionen darüber ein, ob wir hier die ersten Zeichen einer massiven Verschmutzung feststellen. Es ist unbestritten, daß das Weiße Meer dramatisch verunreinigt ist. Gerüchte von Unmengen versenkter Giftgasgranaten und Atommüll werden immer wieder laut. Industrieanlagen, wie etwa Papierfabriken, leisten den »zivilen« Beitrag zur Gewässerverunreinigung. Militärische Altlasten, deren Umfang und Konsistenz weitgehend unbekannt sind, dürften den Schwerpunkt bilden. Das Weiße Meer ist ein Binnenmeer mit nur einem Zugang zur Barents-See. Große Flüsse, wie die Dwina, entleeren ihre

Schmutzlast in das Gewässer. Außerdem sind Fabrikanlagen für Atomunterseeboote an ihm angesiedelt.

Keiner weiß wirklich, wie es um die Wasserqualität des Meeres bestellt ist. Oder vielleicht wissen es einige und schweigen darüber. Letztes Jahr gingen Meldungen durch die internationale Presse über ein mysteriöses Seesternsterben im Weißen Meer. Auf den Seekarten sind Sperrgebiete verzeichnet, die nicht befahren werden dürfen. Ich glaube nicht, daß die Färbung des Wassers ein Indiz für den Grad der Verschmutzung ist. Wenn man gefährliche Verunreinigungen immer sehen und riechen könnte, wären die Menschen vielleicht vorsichtiger. Die Gefahr lauert meistens gerade im Verborgenen. Wie auch immer – unser Wassermacher, der uns nach dem umgekehrten Osmoseprinzip aus Seewasser Frischwasser beschert, wird vorsichtshalber nicht in Betrieb genommen. Auch Nord- und Ostsee sind voll von versenkten chemischen Kampfstoffen. Das Unheimliche am Weißen Meer ist, daß wir nicht wissen, worin die angeblichen Verunreinigungen bestehen und in welcher Konzentration sie auftreten.

Die Fahrt die Dwina aufwärts bis nach Archangelsk erfordert, obwohl betonnt, wieder einen Lotsen. Wie die meisten spricht auch dieser sehr gut Englisch, so daß wir uns unterhalten können. Das Weiße Meer und die daran liegen-

den Orte sind Hauptumschlagplätze für den Holzexport. Über die großen Flußsysteme werden riesige Holzflöße aus den Weiten der Taiga zur Küste geschleppt und dort entweder in Papierfabriken verarbeitet oder direkt auf Schiffe verladen. Es ist schwer zu sagen, wo eigentlich der Hafen von Archangelsk beginnt. Kilometerweit ziehen sich die Verladeeinrichtungen an der Dwina entlang. Es ist warm und schwül geworden. Moskitos summen plötzlich um uns herum, und mit einem Mal wird uns bewußt, daß wir in einer ganz anderen Landschaft sind. Wir befinden uns schon wieder nördlich des Polarkreises. Üppige Mischwälder und der Duft nach Holz sind für uns ungewohnte Sinnesreize. Und die Moskitos sind es auch. Unnachsichtig quartieren sie sich auf der »Dagmar« ein und quälen uns buchstäblich bis aufs Blut. Die Färbung der Dwina hat mittlerweile einen besorgniserregende Intensität angenommen. Fabrikschornsteine speien unglaubliche Dreckwolken in den Himmel und verbreiten einen beißenden Geruch. Trotzdem sehen wir Kinder im Fluß baden. Wir sprechen den Lotsen auf die Dreckschleuder an, und er zuckt die Achseln. Jeder ahnt, was dieser Schmutz bedeutet, und inzwischen traut sich auch jeder, darüber zu reden. Aber noch sieht man keine Möglichkeit, etwas zu ändern.

Archangelsk, das wird auf den ersten Blick deutlich, ist eine ganz andere Stadt als Murmansk.

121

Eine alte, gewachsene Stadt, gesäumt von Bäumen und Grünanlagen, alten historischen Bauten, die eher an das zaristische Rußland erinnern als an das sozialistische. Sie ist das Verwaltungs- und Regierungszentrum für das Gebiet um das Weiße Meer. Von Peter dem Großen wurde Archangelsk zur Hafenstadt ausgebaut. Die Bedeutung des größten Seehafens am Weißen Meer hat Archangelsk bis heute behalten. Es ist der größte Holzumschlagplatz der sowjetischen Nordküste. Die Stadt erstreckt sich kilometerweit an der Dwina entlang.

Als wir uns dem alten Stadtzentrum nähern, taucht unvermittelt eine Armada von kleinen Segelbooten auf. Jollen, Optimisten und Yachten kommen uns entgegen und schließen sich uns an. Die Segler winken und rufen und geleiten uns mit ihren Booten die letzten Flußkilometer bis zu unserem Liegeplatz. Der örtliche Yachtclub hat diesen Empfang organisiert, erklärt uns der Lotse nicht ohne Stolz. Ausflugs-

dampfer mit winkenden und fotografierenden Menschen an Bord schließen auf. Langsam dämmert mir, daß auch dieser Aufenthalt in Archangelsk alles andere als ruhig und entspannend verlaufen wird. Genau im Zentrum der Stadt hat man uns den Liegeplatz zugewiesen. An der Pier steht der uns vorausgeeilte Vassili zusammen mit einigen Uniformierten. Kaum sind wir fest, als sie an Bord kommen und uns sehr freundlich in Archangelsk willkommen heißen.

Die Erledigung der Formalitäten geht heute schon etwas schneller vonstatten. Wir hatten uns in Murmansk Blankoformulare geben lassen und sie während der Überfahrt ausgefüllt. Wie bereits in Murmansk, genießen wir das Recht,

**Übelriechende Schlote in Archangelsk. Überalterte Produktionsanlagen belasten die Umwelt.**

uns völlig frei bewegen zu dürfen. Während ausländische Schiffe stets einen Wächter an der Gangway haben, der jeden überprüft, der das Schiff betritt oder verläßt, sind wir frei in unserer Wahl der Besucher. Die hierzulande unverzichtbaren Anstecknadeln werden uns überreicht, als Gegengeschenk geben wir Grußkarten, Aufkleber und Schiffsstempel zurück. Zöllner, Beamte der Einwanderungsbehörde und ein Vertreter der Agentur Inflot sitzen vergnügt bei Tee und Kaffee in der Messe und lassen sich von uns die Reisepläne erörtern. Ob wir noch etwas benötigen, Proviant, Wodka, Wasser? Wasser und Brot, sage ich, und erhalte umgehend die Zusage, daß beides geliefert wird. Ein kurzer Rundgang durchs Schiff, der erste von unzähligen, die auch in diesem Hafen noch folgen werden, und dann überläßt man uns der wartenden Besucherschar. Bevor Vassili die Crew mit einem seiner beängstigend angefüllten Programme überfällt, ziehe ich ihn in den Kartenraum und gehe schon einmal die Punkte mit ihm durch.

Er meint es gut und will uns soviel wie irgend möglich bieten. Dabei scheint er aber dem Irrglauben verfallen zu sein, daß wir wie japanische Touristen mit dem Bus von einer Attraktion zur anderen gefahren werden möchten. Ich versuche, sein Programm zu entschärfen, da ich sonst eine offene Meuterei befürchte, und sehe die Enttäuschung in seinem Gesicht. Ich ziehe Jura, einen jungen Dolmetscher, hinzu und versuche, Vassili die Situation zu erklären. Die Leute möchten Zeit haben, um sich selbst einmal umzusehen und Eindrücke zu sammeln. Wir sind keine Touristengruppe. Er akzeptiert meine Vorschläge, ohne dabei recht glücklich zu sein, und ich kann meiner Mannschaft ein vertretbares Programm präsentieren.

Mir selbst bleibt am allerwenigsten Zeit für private Aktivitäten. Ich bin quasi rund um die Uhr »im Dienst«. Aber so verstehe ich auch die Aufgabe der Expedition. Ginge es nur um eine Stadtbesichtigung, wäre ich auf andere Weise angereist. Archangelsk ist leicht von Moskau aus mit dem Flugzeug zu erreichen. Es verfügt über zahlreiche Hotels und ist auf Touristen vorbereitet. Es wäre also ein leichtes, als Tourist in die Stadt zu kommen und sie kennenzulernen. ICESAIL will aber mehr. Ich will neue Wege der gegenseitigen Kontaktaufnahme suchen. Sicher ist das, was wir heute mit unserem Besuch über das Meer vorwegnehmen, in ein oder zwei Jahren die Regel. Jetzt aber macht der Aufwand, der unseres Besuches wegen von allen Seiten betrieben wird, deutlich, welche Bedeutung man ihm beimißt. Entsprechend hoch sind die Erwartungen. Wir sind sehr exponiert und müssen jetzt Farbe bekennen, ob es sich bei der Philosophie von ICESAIL, einer Expedition im Namen der Völkerverständigung, um bloße Lippenbekenntnisse handelt oder ob wir es ernst meinen. Damit ist jeder einzelne von uns gefordert, und wieder versuche ich, die lustlose Crew zu überzeugen, daß unsere Expedition nicht nur Segelreffen verlangt, sondern auch Repräsentieren.

Westkontakte sind für Archangelsk nicht neu. Die Stadt ist sogar eine Patenschaft mit Emden eingegangen. Wir treffen zwei Amateurfunker aus Ostfriesland, die uns im breitesten Norddeutsch willkommen heißen. Sie sind für zwei Wochen hier zu Gast in russischen Familien und berichten uns über zahlreiche wirtschaftliche wie kulturelle Kontakte zwischen den beiden Städten. Anläßlich des gerade stattfindenden Folklorefestivals ist sogar eine Gruppe Musiker aus Ostfriesland angereist, die auf plattdeutsch zwischen Mongolen, Kirgisen, Tschuktschen und anderen Sowjetvölkern mitsingen. Ungewohnte Töne für Archangelsk. Aber gerade in solchen Aktivitäten sehe ich Zukunftsperspektiven. Ein Handelsschiff aus Emden trifft ein, um Holz zu laden. Wir treffen die Seeleute in dem großzügig eingerichteten Seemannsheim und tauschen Erfahrungen aus. Bei ihnen steht noch eine Wache an der Gangway, und ihr Landgang ist bis auf 23 Uhr begrenzt. Aber auch das wird wohl nur noch eine Frage der Zeit sein.

Archangelsk ist der älteste Hafen Rußlands. Zar Peter der Große hat ihn protegiert, und so gibt es auch noch eine Reihe alter Gebäude aus seiner Zeit. Einige von ihnen sind dem Verfall preisgegeben, andere werden restauriert. Neben den langweiligen, anonymen Betonbauten neueren Datums finden sich immer wieder alte russische Holzhäuser. Teilweise sind sie verlassen und stehen windschief zwischen dichten Laubbäumen. Zum Glück hat man aber angefangen, erhaltungswürdige Häuser wiederherzustellen. Ein ganzer Straßenzug ist ihnen vorbehalten. Dort werden sie neu aufgestellt oder an Ort und Stelle renoviert. Auf diese Weise bleibt zumindest ein Teil des alten Archangelsk erhalten. Die Stadt hat Atmosphäre, auch wenn die Kaufhäuser öde und halb ausgeräumt wirken und es in den Hotels meist nur Speisen gibt, die auf merkwürdige Weise alle gleich schmecken. Aber ist das so wichtig? Eine kulinarische Exkursion ist Archangelsk sicherlich nicht wert. Noch nicht. Es gehört nicht viel Fantasie dazu, sich Archangelsk in einem anderen Glanze vorzustellen. Die politischen und wirtschaftlichen Veränderungen in Rußland könnten sehr schnell zu erheblichen Veränderungen führen. Eine interessante Stadt ist Archangelsk allemal.

Wir werden vom Yachtclub empfangen. In Eigenarbeit und mit geringen Mitteln versucht man, ein Sportzentrum aufzubauen. Der Leiter ist ein energischer Mann. Als Leistungssportler ist er bei internationalen Segelregatten in aller Welt dabeigewesen und weiß, worauf es ankommt. Er betreut eine Gruppe Jugendlicher, baut mit ihnen Boote und bringt ihnen das Segeln bei. Sein Traum ist, ein Sportzentrum aufzubauen, das internationalen Zulauf bekommt und in dem sich schwerpunktmäßig der Nachwuchs trifft. Eine faszinierende Idee. Wäre da nur nicht das Problem der Wasserverschmutzung. Drohend erheben sich in einigen Kilometern Entfernung die hohen Schornsteine der Industrieanlagen und spucken übelkeitserregende Dreckwolken aus. Ich spreche ihn darauf an. Er kennt die Problematik wie jeder andere Bürger auch. In Presseinterviews weise ich auf die Frage, was mir an Archangelsk nicht gefällt, auf die Schlote und die Wasserqualität hin. Beifälliges Kopfnicken auf allen Seiten. Über die Möglichkeiten, etwas zu ändern, herrscht allerdings selbst bei den Journalisten große Ratlosigkeit. So bringt ihr euch selbst um, erwidert Detlef,

und Manfred fügt hinzu, daß er von einer erschreckend hohen Rate an mißgebildeten Säuglingen gehört habe. Es war in der westdeutschen Presse zu lesen. Ist das Propaganda? Mißbildungen gibt es, hören wir. Ob ihre Zahl unverhältnismäßig hoch ist, wissen wieder nur einige wenige. Berichte darüber werden – noch nicht – veröffentlicht.

Mit einem Kleinbus fahren wir etwa 50 km aus der Stadt hinaus. Sobald wir die Stadtgrenze hinter uns gelassen haben, finden wir uns in der herrlichsten Naturlandschaft wieder. Keine Siedlungen, Industrieanlagen oder Mülldeponien. Statt dessen zu beiden Seiten der Straße dichte Nadelwälder.

Von Zeit zu Zeit lichtet sich der dichte Wald und gibt den Blick auf kleine Seen und grasbewachsene Grünflächen frei. Uns wird plötzlich klar, wie riesig dieses Land ist. Die Natur ist urwüchsig und unberührt. Die massiven Umweltprobleme sind, wie im Beispiel Archangelsk, auf Ballungszentren konzentriert. Zumindest ist man geneigt, das zu glauben, wenn man das idyllische Umland dieser Stadt sieht. Grüne Wälder und lauschige Seen sind allerdings, wie wir wissen, noch keine Garantie für eine intakte Umwelt. Wir besuchen ein Kindererholungsheim, das vorbildlich geführt ist. Ein Abenteuergelände, wie es sich Kinder nur wünschen können: Sportanlagen, gemütliche Unterkünfte, die zweimal täglich von einer Putzkolonne gereinigt werden, sowie Seen und Flüsse, die zum Angeln und Baden einladen. Überhaupt verstärkt sich unser Eindruck, daß für Kinder eine Menge getan wird. Ich bespreche mit der Heimleiterin die Möglichkeit eines deutsch-russischen Jugendaustausches, so wie wir ihn bereits mehrfach mit Rjasan durchgeführt haben. Sie ist sofort bereit dazu, und wir beschließen, den Kontakt zu halten und an einem entsprechenden Programm zu arbeiten.

Ähnliche Austauschprogramme laufen auch bei uns in diesem Jahr ab. Über Funk haben wir erfahren, daß eine Gruppe Tennisspieler aus Bad Bramstedt in Rjasan eingetroffen ist und dort eine Woche lang an einem Turnier teilnehmen wird. Zur gleichen Zeit nehmen Jugendliche aus

Deutschland an einer Kajakreise in der Rjasan-Region teil. Warum nicht auch ein Austausch mit Archangelsk? Ich möchte diese Programme intensivieren, werde mir nur etwas einfallen lassen müssen, wie es sich verwaltungstechnisch umsetzen läßt. Wenn ich wieder in Hamburg bin, werden wir gemeinsam eine Lösung finden. Der Aufenthalt in Archangelsk unterscheidet sich grundlegend von dem in Murmansk. Das offizielle Programm ist für die Crew nicht mehr so eng gefaßt, die Stadt bietet mehr, und es bilden sich viele private Freundschaften. Die »Dagmar« scheint zu einem Treffpunkt von ganz Archangelsk geworden zu sein. Chris baut auf vielfachen Wunsch die »Polaris« zusammen und führt einen ganzen Tag lang Rundflüge über Archangelsk durch. Es gibt keine Ruhepause auf diesem Schiff. Einige junge Leute gehen überhaupt nicht mehr nach Hause, sondern schlafen einfach an Deck. Privatsphäre gibt es nicht mehr. Es herrscht ein unglaubliches Ge-

dränge an Bord, und wenn man sich gerade für einige Minuten in seine Koje zurückgezogen hat, kann man fast sicher sein, daß irgendein Besucher seinen Kopf hineinsteckt. Dabei werden wir mit Geschenken überhäuft. Einladung folgt auf Einladung, und obwohl wir merken, daß einige Gastgeber wirklich Probleme haben, eine so große Schar von uns abzuspeisen, scheuen sie die Mühe und das Geld nicht. Die Gastfreundschaft, die uns zuteil wird, ist beeindruckend.
Aber immer wieder erleben wir auch die düsteren Seiten des hiesigen Lebens. Mit russischen Freunden möchten wir in ein Restaurant gehen, um zu essen, kommen aber erst hinein, nachdem wir den Türsteher mit DM bestochen haben. Die Korruption steht in voller Blüte.

125

Am 15. Juli laufen wir aus. Wir sind schon ein bißchen froh, wieder unter uns zu sein, und genießen die Ruhe, die nur von dem Wachrhythmus unterbrochen wird. Abends versammeln wir uns in der Messe zu einem weiteren »Round-table«-Gespräch. Es ist dringend notwendig. Der Dampf, der sich bei einigen angestaut hatte, war teilweise in Einzelgesprächen bereits entwichen. Ich hatte meine Unzufriedenheit über die Einstellung einiger Leute an Bord direkt mitgeteilt. Andere waren aus teilweise nichtigen Gründen aneinandergeraten. Ich glaube, daß die Konflikte vor allem mit der Enge des Schiffes und dem Nichtverarbeiten der Eindrücke zusammenhängen. Wir sprechen ruhig und sachlich über die anstehenden Probleme. Aus meiner Sicht ist es die fehlende Disziplin bei einigen, sich der Zielsetzung der Expedition unterzuordnen. Das Gespräch macht vor allem deutlich, daß manche mit einer falschen Erwartung an die Reise herangegangen sind. Aufenthalte wie in Murmansk und Archangelsk passen nicht in ihr Bild vom Abenteuer. Ich versuche zu erklären, daß diese Reise überhaupt nur durch Ziele, die über das bloße See-Abenteuer hinausgehen, möglich geworden ist: ICESAIL wollte immer Kontakte mit Naturlandschaften und Menschen. Extremsituationen auf See würden ohnehin noch kommen. Ich unternehme eine Reise nicht allein wegen der damit verbundenen Gefahren. Die Situation, in der wir uns befinden, ist schon in sich ein extremes Abenteuer. Elf Personen auf derart engem Raum, und das seit fast 100 Tagen. Wir müssen uns über uns und das, was wir wollen, klar werden. Es ist ein befreiendes Gespräch. Wir beschließen auch »Schutzmaßnahmen«, um uns ein Minimum an Privatsphäre in den Häfen zu sichern. Ohnehin wird es Aufenthalte wie Murmansk und Archangelsk so schnell nicht mehr geben. Die nächsten Orte, die wir besuchen werden, sind klein und lassen ein so großes Tohuwabohu nicht mehr erwarten.

Die Rechnung geht auf. Unser nächster Hafen ist Onega im Südosten des Weißen Meeres. Ein kleiner Ort von ca. 25000 Einwohnern. Das öffentliche Interesse an uns ist relativ gering, das der Behörden um so größer. Mit gewichtiger Miene kommen zwei Uniformierte an Bord und fragen nach den Papieren. Inzwischen kennen wir die erforderlichen Unterlagen und haben bereits alles vorbereitet. Trotzdem dauert die Prozedur länger als in Murmansk und Archangelsk zusammen. Zwar findet alles in einer sehr freundschaftlichen Atmosphäre statt, aber der Verwaltungsakt ist schon beeindruckend. Der Amtsschimmel wiehert aus voller Brust, während wir geduldig Formulare ausfüllen. Kein Tag vergeht während unseres dreitägigen Aufenthaltes, an dem wir nicht Besuch von den Uniformierten erhalten. Wahrscheinlich ist man so überwältigt, ein ausländisches Schiff abfertigen zu können, daß man dieses Ereignis gründlich auskostet. Allerdings untersagt man uns, die Solovikij-Inseln zu besuchen, da wir dafür kein Visum hätten. Ich bin erstaunt. Wieso ein Visum? Wir dürfen uns überall frei bewegen, warum nicht auch dort? Es gibt sogar Ausflugsschiffe, die von Archangelsk dorthin fahren. Warum also die Geheimniskrämerei? Wir erhalten keine Antwort außer dem Hinweis auf das fehlende Visum. Die Solovikij-Inseln sind von besonderem Interesse. Einstmals beherbergten sie Klöster, die während der Revolution teilweise zerstört wurden. Aus der blühenden Insel machte Stalin ein Konzentrationslager. Solschenizyns Archipel Gulag handelt unter anderem von diesem Lager. Ist dies der Grund, weshalb man uns nicht dorthin lassen will? Ich kann es mir eigentlich nicht vorstellen bei soviel Freiraum, den man uns sonst überall einräumt.

Dafür erhalten wir über Funk endgültig die Bestätigung, daß wir nach Franz-Josef-Land dürfen. Das ist wiederum ein gewaltiger Durchbruch, und ich kann nur ahnen, welche Kämpfe Misha ausfechten mußte, um diese Genehmigung durchzusetzen. Insgesamt hatten vier Expeditionen um eine Genehmigung ersucht. Eigentlich sollte keine dorthin fahren dürfen, jetzt sind wir die einzigen.

Unser letzter Hafen im Weißen Meer ist Mesen. Zwei Tage, nachdem wir Onega verlassen haben, laufen wir in den gleichnamigen Fluß ein.

Es herrscht ein starker Gezeitenstrom. Die Ansteuerung ist schwierig, da sich ständig neue Sandbänke bilden. Ohne Lotsen geht hier nichts. Die Bäume reichen bis ans Flußufer heran, die Luft ist mild und duftet nach Wald. Immer wieder müssen wir Baumstämmen ausweichen, die mit der starken Strömung den Fluß hinuntertreiben. Sie bilden eine nicht unerhebliche Gefahr für die Schraube. Um Mitternacht erreichen wir den kleinen Ort Mesen und gehen in der Flußmitte vor Anker. Wegen der starken Strömung lassen wir reichlich Kette aus, um sicherzugehen, daß der Anker hält. Zusätzlich gehen wir natürlich Ankerwache.

Es dauert nicht lange, bis ein Schlepper längsseits kommt und drei finster blickende Imigrations- und Zolloffiziere an Bord steigen. Ich bin überrascht. Die Atmosphäre wirkt eisig. Man teilt mir mit, daß wir an eine Pier verholen sollen, die für ausländische Schiffe eingerichtet ist. Zuerst begrüßen wir die Maßnahme, da wir dort sicherer liegen als vor Anker. Allerdings geht es den Offiziellen weniger um unsere Sicherheit als vielmehr darum, uns unter Aufsicht zu behalten. Wie bei Frachtschiffen üblich, stehen Soldaten an der Pier, die jedesmal den Paß kontrollieren, wenn wir von Bord gehen. Selbst wenn wir nur die Festmacherleinen überprüfen wollen, müssen wir zunächst zum Posten. Der nimmt uns den Paß ab, quittiert ihn, und dann dürfen wir die zehn Meter zum Poller gehen, um die Leine zu klarieren. Dabei sieht der Posten zu. Anschließend geht man wieder zu ihm hin, erhält gegen die Quittung seinen Paß und darf wieder an Bord gehen. Das geht pausenlos so. Fremde dürfen weder in die Nähe des Schiffes, geschweige denn es betreten. Egal, für wie lange man den Fuß an Land setzt, der Paß muß in jedem Fall abgegeben werden.

**Straßen aus Holz in Kamenka.**

127

**Im Zuge der Demokratisierung werden alte Kirchen wieder der Öffentlichkeit zugänglich gemacht.**

Am Beispiel Mesen wird deutlich, daß es auf dem Gebiet der Verwaltung offenbar ein großes Gefälle zwischen den Großstädten und der Provinz gibt. Hier haben noch die Hardliner das Sagen. Die totale Überwachung, das Mißtrauen gegenüber allem und jedem, ist hier noch unverändert. Von der Aufbruchstimmung, wie sie in anderen Teilen des Landes herrscht, ist noch nicht viel zu spüren. Das wird besonders deutlich am Beispiel Raimer: Er wird, wie geplant, das Schiff in Mesen verlassen, um von hier aus über Archangelsk und Moskau nach Hause zu reisen. Wir befinden uns legal im Lande und dürfen uns, wie immer wieder betont wird, frei bewegen. Mit der Einschränkung, daß Raimer nicht von Mesen nach Archangelsk fahren darf.

Und dies, obwohl es sich um den gleichen Verwaltungsdistrikt handelt. Er muß aber nach Archangelsk, um das Visum für seine Ausreise zu bekommen.

Die Situation ist verworren. Schließlich schicke ich Jura, einen Mitarbeiter von Centre Pole, samt Raimers Paß nach Archangelsk, um für ihn das Visum zu holen. Auch das ist nur mit Schwierigkeiten möglich, da Raimer eigentlich selber unterschreiben müßte. Schließlich erklären sich die Behörden zumindest bereit, Jura das Visum auch ohne Raimers Unterschrift mitzugeben. Zum stolzen Preis von 125 US-Dollar erhält Jura das Visa und kommt per Flugzeug nach Mesen zurück. Damit ist die Angelegenheit geregelt.

Wir vergessen den Streß in einer russischen Sauna. Die bei uns üblichen Tauchbecken und Duschen gibt es hier nicht. Statt dessen erhält jeder Besucher eine Zinkschüssel, in die er kaltes Wasser füllt. In dem ersten Raum kleidet man sich aus und beginnt sich im nächsten von Kopf bis Fuß zu waschen, indem man sich mit dem Wasser aus der Schüssel überschüttet. Kinder, die mit in der Sauna sind, werden ganz in die Schüssel gesetzt und spielen geduldig mit Plastikenten. Die eigentliche Sauna besteht aus einem recht großen Raum, der unglaublich heiß ist. Immer wieder werden Aufgüsse gemacht, so daß ich kaum atmen kann. Es stehen auch keine Bänke oder Sitze herum. Länger als einige Minuten hält es ohnehin keiner darin aus. Dafür gibt es Bündel mit Birkenzweigen, mit denen man sich auf Rücken, Beine und Arme schlägt, um die Durchblutung zu verstärken. Abgeduscht wird sich anschließend wieder mit der Waschschüssel. Die Sauna ist nach Frauen und Männern geteilt. Brigitte muß also durch die andere Tür gehen und wird dort sofort von einer Gruppe russischer Frauen bemuttert. Sie bekommt Badelatschen von der einen, einen Massageschwamm von der anderen und führt, obwohl sie kein Wort russisch beherrscht, ausgiebig Konversation. Auch in der Männersauna werden wir sehr freundlich begrüßt. Nach den Turbulenzen mit den Behörden tut dieser Kontakt gut.

Die Menschen in Mesen leben in kleinen Holzhäusern, eingerahmt von schönen verwilderten Gärten, in denen es von Kartoffeln bis zu Blumen alles gibt, was die Jahreszeit hervorbringt. Wir besuchen einen Töpfer, der nach alten Methoden Tontöpfe und Schüsseln für den täglichen Gebrauch herstellt. Er ist der einzige weit und breit, obwohl dieses Handwerk Tradition in dieser Gegend hat. Langsam scheinen sich diese alten Künste wieder einzugliedern. Ein Besuch im Lebensmittelladen fällt ernüchternd aus. Es gibt hauptsächlich Erbsen in Dosen. Die zwar reichlich, aber das ist auch schon fast alles. Daneben noch ein Regal mit Broten, Gurken und ein paar Haushaltsartikeln. Die Versorgungslage ist nicht dramatisch, aber auch bei geringen Bedürfnissen sicherlich nicht befriedigend. »Warum?« fragen wir unsere Begleiter und erhalten nur ein Achselzucken. Das Land ist fruchtbar und riesig. Trotzdem gibt es immer wieder diese Versorgungsengpässe. Wir können allerdings keine Verdrossenheit bei den Menschen feststellen. Man scheint sich an die Situation gewöhnt zu haben. Der Holzreichtum dieser Region müßte die Bewohner eigentlich wohlhabend machen. Nirgendwo sonst auf der Welt habe ich gesehen, daß man Straßen aus Holz baut. Hier in Kamenka, einem Ort auf der anderen Flußseite von Mesen, ist alles aus Holz: die Häuser, die Brücken und auch die Straßen. Gegen Abend des 25. Juli wird die Stimmung an Bord immer bedrückter. Es ist Raimers letzter Tag an Bord. Wir haben eine kleine Abschiedsparty vorbereitet, aber so richtig fröhlich ist keiner. Mit Raimer wird der Expedition ein wichtiges Bindeglied genommen. Stets war er es, der versuchte, kleine Reibereien zu schlichten oder die Leute durch einen Spaß oder ein gutes Wort wieder aufzurichten. Er ist so etwas wie »die gute Seele« des Schiffs. Wie sehr uns seine Kochkünste fehlen werden, können wir derzeit nur ahnen.

Sein Ausscheiden ist auf jeden Fall ein großer Verlust. Nicht nur in der Kombüse, sondern, was noch wichtiger ist, im menschlichen Bereich. Schließen läßt sich diese Lücke nicht. Erst im nächsten Jahr, wenn er – Gott sei Dank – wieder mit von der Partie ist.

# Franz-Josef-Land

Das Eis wird immer dichter. Ständig müssen wir aufpassen, daß wir nicht von Eisfeldern eingeschlossen werden.

Das Weiße Meer liegt hinter uns. Mit stürmischen Winden und einer kurzen harten See werden wir ernüchternd ins Bordleben zurückgerufen. Das Schiff stampft hart, und es ergießen sich Ströme von Seewasser über das Deck. Den meisten ist schlecht. Blasse, wortkarge Gesichter. Einige halten es nicht mehr aus und würgen ihre Verzweiflung über die Reling. Durch die anhaltende Trockenheit und Wärme im Weißen Meer ist das Holzdeck an einigen Stellen ausgetrocknet und undicht geworden. In der Messe und über dem Herd tropft es kräftig. Es wird einige Tage dauern, bis das Holz wieder gequollen ist und die Leckagen sich selbst behoben haben. Schiffe wie die »Dagmar« sind eben für kühle und feuchte Klimazonen gebaut. Trockenheit und Hitze bekommen ihnen auf die Dauer schlecht. Unter dreifach gerefften Groß, Klüver und Fock laufen wir hart am Wind. Die letzten lästigen Moskitos, die stickig schwüle Luft des Mesen-Flusses werden vom Wind fortgeblasen.

Es weht im wahrsten Sinne des Wortes ein »anderer Wind«.

Vom hochsommerlichen Kontinent fahren wir tausend Seemeilen nach Norden, zurück in die Hocharktis. Unser Zielpunkt liegt auf 80 Grad nördlicher Breite, vergleichbar mit der Nordspitze Spitzbergens. Was ich während der Vorbereitungszeit für ICESAIL nicht zu hoffen wagte, ist eingetroffen: Das Papier Nr. 19/1/7571 erteilt uns die offizielle Genehmigung für eine Reise nach Franz-Josef-Land. Aber damit nicht genug: Wir dürfen uns frei und ohne Aufsicht bewegen und anlanden, wo immer wir wollen. Ich weiß nicht, wie viele Jahrzehnte es her ist, daß ein ausländisches Schiff die Genehmigung erhalten hat, diese Inseln aufzusuchen. Ein Schiff von der Größe der

**Bizarre Eisformationen fesseln unsere Aufmerksamkeit.**

**So schön sie fürs Auge sind, so gefährlich sind sie für die Schiffahrt.**

»Dagmar Aaen« ist noch niemals bis hierher vorgedrungen.

Bisher wurden alle Ersuche rigoros abgelehnt. Und kaum ein Abschnitt unserer Expedition ist so umstritten gewesen wie der Besuch des Franz-Josef-Landes. Misha hat schwere Kämpfe auszustehen gehabt. Jetzt laufen wir mit direktem Kurs auf Kap Flora zu. Wir fahren mit gebührendem Abstand an Nowaja Semlja entlang, jener Insel, auf der vom sowjetischen Militär Kernwaffen getestet werden. Eine Greenpeace-Aktion im vergangenen Jahr, die auf die Umweltverseuchung dieses Gebietes aufmerksam machen sollte, hatte zu diplomatischen Verwicklungen geführt. Seither ist man vorsichtiger geworden. Um etwaigen Landungsgelüsten vorzubeugen, begleitet uns in 8 Meilen Abstand ein Kriegsschiff und dreht erst ab, als Nowaja Semlja achteraus liegt. Die Eiskarten, die wir über unser Wetterfax erhalten, geben Anlaß zu Optimismus. Franz-Josef-Land ist nicht Spitzbergen. Die Eisverhältnisse sind ungleich schwieriger als die an der Westküste Spitzbergens. In den meisten Jahren ist die Versorgung der sowjetischen Polarstationen nur mittels Flugzeug oder der 75000 PS starken Eisbrecher möglich. In diesem Jahr sind die Verhältnisse normal. Zwischen dem 50. und 60. Längengrad ist die See weitgehend eisfrei. Zumindest bis zum 80. Breitengrad hoch. Über Telex und Funk nehme ich mit dem deutschen Forschungsschiff »Polarstern«, das sich zur Zeit östlich Spitzbergens befindet, Kontakt auf. Der Kapitän und ein Meteorologe bestätigen die Informationen. Trotzdem ist die Reise gefährlich. Gefährlicher als die Eisfahrt in Spitzbergen. Ein Wetterumschwung kann riesige Packeisfelder nach Süden treiben und schlagartig die offenen Wasserfächen schließen. Um die Inseln herum

**Wir nähern uns dem 81. Breitengrad.**

und besonders nördlich von ihnen gibt es ein unerschöpfliches Reservoir an Packeis. In diesem schweren Polareis eingeschlossen zu werden, kann verhängnisvolle Folgen haben. Selbst wenn das Schiff dem enormen Eisdruck standhalten könnte und herausgehebelt würde, hieße dies noch lange nicht, daß es gerettet wäre. Was nützt einem schon ein Schiff, das sich auf eine jahrelange Drift mit dem Polareis begibt und irgendwann vermutlich aufgegeben werden müßte? Es gibt zahlreiche Beispiele in der Polargeschichte, die so geendet sind. Also dürfen wir uns durch die günstigen Prognosen nicht allzusehr in Sicherheit wiegen lassen. Vorsicht und eine genaue Strategie sind entscheidend. In den zwölf Jahren, in denen ich die Arktis bereiste, ist mein Respekt vor dem Eis nicht geringer geworden. Im Gegenteil. Gerade weil ich es kenne und seine Unberechenbarkeit erfahren habe, ist mein Respekt beständig gewachsen. Es gibt mit Sicherheit keinen an Bord der »Dagmar Aaen«,

der so viel Mißtrauen gegenüber dem Eis hat wie ich. Ich weiß eben, warum. Technik allein hilft einem nur bedingt weiter. Entscheidend für Reisen im Polareis sind vielmehr Erfahrung und Instinkt.

Die Entdeckung des Franz-Josef-Landes ist, wie die meisten Entdeckungen, dem Zufall zuzuschreiben. Am Anfang stand die Suche nach der Nordostpassage. Wann genau die Suche nach dem nördlichen Seeweg, der Durchfahrt zwischen Ost und West, begann, läßt sich heute mit Bestimmtheit nicht mehr sagen. Schon vor vielen Jahrhunderten gaben Reiseberichte Anlaß zu der Hoffnung, daß es eine solche Passage geben könne. Wal- und Robbenfänger waren häufig die ersten, die sich in diese Regionen vortrauten. Da

**Immer wieder müssen wir uns den Weg freikämpfen. Mit Bootshaken schieben wir die Schollen zur Seite.**

sie aber nicht mit königlichem Auftrag segelten und nicht einmal als Expedition galten, war das öffentliche Interesse an diesen Reisen gering. Vielfach hielten die Kapitäne ihre Fahrtrouten auch geheim aus Angst, ein anderer könnte ihnen die reichen Fanggründe streitig machen. Weder die Fänger noch die zurückgebliebenen Landsleute zeigten große Neigung, die Reisen in die Öffentlichkeit zu tragen. Wirtschaftliche Interessen liefen den größten Entdeckungsreisen meist voraus oder waren zuindest ihr Anlaß. Bereits Other, ein Normanne, war um das europäische Nordkap gesegelt und hatte im Jahre 875 mit seinen Booten das Weiße Meer erreicht. Als die Portugiesen und Spanier in ihrem Bestreben nach einer Weltherrschaft den Globus im Vertrag von Tordesillas unter sich aufteilten und damit wichtige Schiffahrtsrouten sperrten, begann man, intensiver über einen nördlichen Seeweg nachzudenken. Das war im Jahre 1494. Im Jahre 1553 gingen unter der Leitung von

Richard Chancellor, Hough Willoughby und Stephan Burrough von England aus drei Schiffe in See, um eine nördliche Durchfahrt zu finden. Chancellor erreichte damals bereits die Mündung der Dwina und knüpfte für England wirtschaftliche Kontakte. Willoughby gelang es, bis nach Nowaja Semlja zu gelangen. Er entdeckte das sogenannte »Gänseland«, den Südteil dieser Insel. Auf dem Rückweg mußte er auf der Kola-Halbinsel überwintern und erlag dabei mit seiner Mannschaft dem arktischen Winter.

In den Jahren 1594/97 nahm Wilhelm Barents, dessen Route wir auf der ICESAIL-Expedition schon mehrfach gekreuzt haben, die Suche erneut auf. Auch ihn ereilte das Schicksal in der

Arktis. Nachdem sein Schiff an der Nordküste Nowaja Semljas festgehalten worden war, mußte Barents mit seinen Leuten in einer aus Wrackteilen zusammengezimmerten Hütte überwintern – erfolgreich, wie wir wissen. Erst der lange und beschwerliche Rückweg in offenen Booten kostete ihm und anderen Expeditionsteilnehmern das Leben. 1871 fand der norwegische Robbenfänger Kapitän Elling Carlsen zufällig das Winterlager der Barents-Expedition und brachte Teile der Ausrüstung mit nach Hause. Es war der gleiche Elling Carlsen, der als erster Mensch im Jahre 1863 ganz Spitzbergen umrundet hatte und der wenig später auf einer österreichisch-ungarischen Nordpolexpedition als Eislotse auf der »Tegetthoff« einsteigen sollte.

Die Entdeckung des Franz-Josef-Landes ist dieser österreichisch-ungarischen »Tegetthoff«-Expedition zuzuschreiben.

Unter Vorsitz des deutschen Geographen Dr. August Petermann fand am 23. Juli 1865 der »erste große deutsche Geographentag« statt. Auf dieser Tagung wurde der Beschluß gefaßt, eine »erste deutsche Expedition zum Nordpol« zu unternehmen. Leiter der Expedition sollte der Kapitän Karl Koldewey sein, der dazu in Norwegen die Yacht »Grönland« ankaufte und sie mit einer Besatzung von 13 Mann ausrüstete. 1868 begann diese 1. Deutsche Nordpol-Expedition, die zunächst an der Ostküste Grönlands entlangführte und später bis in den Norden Spitzbergens gelangte.

Die »Dagmar Aaen« hat auf Spitzbergen die Route der »Grönland« mehrfach gekreuzt. Bereits ein Jahr nach der Rückkehr der »Grönland« wurde unter Koldewey die zweite Deutsche Nordpol-Expedition mit den Schiffen »Hansa« und »Germania« unternommen. Während die »Hansa« vom Eis eingeschlossen und zerstört wurde, gelangte die »Germania« bis zur Sabine-Insel an der Ostküste Grönlands. Dort wurde sie für den Winter aufgelegt, und man wartete beharrlich auf den Beginn des nächsten Frühlings. Sobald die Temperaturen es zuließen, unternahm Kapitän Koldewey eine Schlittenreise nach Norden, um die vom Packeis eingeschlossene Küste zu erforschen und zu vermessen. Seine »rechte Hand« auf dieser 22tägigen Schlittenreise war der Österreicher Julius Payer. Er zeichnete sich durch Umsicht, Zähigkeit und

**Die Ruhe ist trügerisch. Driftende Packeisfelder erfordern ständige Aufmerksamkeit und schnelle Reaktion.**

eine Leidenschaft für die polare Landschaft aus. Nach der Rückkehr der »Germania« wurde er mit den besten Empfehlungen versehen und galt fortan als Polarexperte. Payer war 1842 in Schönau bei Teplitz geboren und wegen seiner geographischen Kenntnisse dem militär-geographischen Institut in Wien zugeteilt. Seit der 2. Deutschen Nordpol-Expedition stand Payer in regem Kontakt mit Dr. August Petermann. In »Petermanns Mitteilungen« hatte Payer einige seiner Hochalpentouren veröffentlicht und damit seinen guten Ruf als Bergsteiger und Geograph gefestigt. In dem Marineleutnant Karl Weyprecht fand Payer einen Kollegen, der wie er vom Forscherdrang und Arktisbazillus befallen war. Die Idee von einer Nordostpassage ließ

Es gibt kein Durchkommen mehr.
Wir müssen uns
eine andere Passage
durchs Eis suchen.

die beiden fortan nicht mehr los. Petermann unterstützte die These der beiden Forscher, wonach es eine Durchfahrt geben müsse. Er glaubte, daß der Golfstrom um die Nordspitze Nowaja Semljas herumreichen müsse und demnach die Schiffspassage in den fernen Osten dort zu suchen sei. Payer und Weyprecht hatten den Köder geschluckt. In dem Grafen Hans Wilczek fanden sie einen vermögenden und einflußreichen Mäzen, der im Jahre 1871 zunächst einmal eine Erkundungsexpedition finanzierte und selbst an ihr teilnahm. In Tromsö wurde das kleine Segelschiff »Isbjörn« gechartert, und am 26. Juni ging man mit acht Mann Besatzung auf die Reise. Die »Isbjörn« war ein Schiff, das der »Dagmar Aaen« in Größe und Art sehr ähnlich war. Das Jahr wartete mit trügerisch günstigen Eisverhältnissen auf. Sie gelangten fast bis auf 79 Grad nördlicher Breite, und ein weiteres Vorankommen schien möglich zu sein. Voller Zuversicht kehrte man um und begann umgehend, eine auf-

wendige Folgeexpedition vorzubereiten. Die Berichte von Weyprecht und Payer zerstreuten die letzten Zweifel an der Durchführbarkeit einer solchen Expediton. Graf Wilczek unterstützte sie weiterhin durch seine guten Verbindungen und auch finanziell. Die Industrie und schließlich auch der Staat konnnten für das Projekt gewonnen werden, und so begann man, die Expedition in Angriff zu nehmen. Es wurde ein »Verein zur Förderung der österreichischen Nordpol-Expedition« gegründet und in Bremerhaven der bekannten Segelschiffwerft Tecklenburg der Auftrag erteilt, ein eisgängiges Schiff zu bauen. Selten war eine Polarexpedition so gut vorbeitet wie diese. Das Schiff wurde auf den Namen »Admiral Tegetthoff« getauft und stellte für damalige Verhältnisse das Nonplusultra der Schiffbaukunst dar.

Ausgerüstet für drei Jahre, verließ die »Tegetthoff« am 13. Juni 1872 Bremerhaven. Während Weyprecht das Kommando für die »Tegetthoff« übernahm, sollte Payer die Land- und Schlittenexpeditionen leiten. Nachdem man in Tromsö nochmals mit großem Bahnhof verabschiedet worden war, segelte die »Tegetthoff« am 19. Juli Richtung Norden. Schon bald zeigte sich, daß die Eisverhältnisse in diesem Jahr völlig andere waren als auf der Erkundungsreise. Vorsichtshalber hatte Graf Wilczek erneut die »Isbjörn« gechartert, um am Kap Nassau auf Nowaja Semlja ein Proviantdepot einzurichten.

Zufällig trafen die beiden Schiffe am 12. August auf offener See zusammen. Gemeinsam segelte man ein Stück weiter nach Norden, bis die zunehmende Eisdichte ein Weiterkommen der »Isbjörn« unmöglich machte. Am 1. Oktober kehrte sie um nach Tromsö. Dies war der letzte Kontakt der Expedition mit der Außenwelt. Erst 1874 sollte man wieder etwas von ihr hören.

Noch am gleichen Tag, als sich die »Isbjörn« und die »Tegetthoff« trennten, wurde die »Tegetthoff« vom Eis eingeschlossen. Nie wieder sollte das Schiff auf offenes Wasser stoßen. Der »Tegetthoff« war nur ein kurzes Dasein als Seeschiff bestimmt. Fortan diente sie als driftende Unterkunft und wurde mit dem Eis immer weiter nach Norden getragen. Die Mannschaft richtete sich auf die erste Überwinterung im Polareis ein. Am 28. Oktober versank die Sonne hinter dem Horizont und ließ sich 109 lange Tage nicht mehr sehen. Die Mannschaft erlebte nun zum ersten Mal die Schrecken der Eispressungen. Der hölzerne Schiffsrumpf war permanent einem großen Druck ausgesetzt. Von Ächzen, Stöhnen und Krachen begleitet, schob

**Das Grab von Otto Krisch.**

sich das Eis unter den Rumpf der »Tegetthoff«. Obwohl es überall im Schiff krachte und polterte, hielt die »Tegetthoff« den Attacken des Eises stand. Derweil vertrieb sich die Mannschaft die Zeit mit Eisbärjagden. Insgesamt wurden 67 Tiere mit zusammen 6 Tonnen Gewicht erlegt. Das Fleisch wurde roh oder gekocht als Vorbeugung gegen Skorbut gegessen. Skorbut hing damals noch wie ein Damoklesschwert über den Polarexpeditionen. An Bord der »Tegetthoff« gab es für jedes Besatzungsmitglied zwar reichlich Rum- und Zigarrenrationen, aber nur insgesamt 100 Flaschen Zitronensaft. Man hing immer noch viel zu sehr europäischen Eß- und Trinkgewohnheiten an, als daß man diesem Problem genügend Aufmerksamkeit geschenkt hätte. Daher begann die Besatzung schnell, unter Skorbut und Lungenkrankheiten zu leiden.

Als der nächste Frühling endlich kam, brachte er nur wenig Veränderungen. Schiff und Besat-

zung befanden sich weiter in der Gewalt des Eises. Schon fing man an, sich mit dem Gedanken an eine zweite Überwinterung vertraut zu machen, als am 30. August 1873 plötzlich die Nebelwand aufriß und sich den erstaunten Blicken eine alpine Landschaft auftat.

Alle Niedergeschlagenheit war schlagartig verschwunden. Man hatte neues Land entdeckt! Der Wunschtraum eines jeden Entdeckers war Wirklichkeit geworden, ein weiterer weißer Fleck von der Landkarte getilgt. Dem neu entdeckten Land gaben sie den Namen »Kaiser-Franz-Josef-Land«. Es sollte allerdings bis zum 31. Oktober 1873 dauern, bevor sie bis auf drei Seemeilen an das neue Land herangedriftet waren. Am 1. November 1873 erreichte Payer mit einer Gruppe die am nächsten gelegene Insel. Er

**Überreste der Tegett-
hoff-Expedition auf der
Wilczek-Insel.**

taufte sie auf den Namen ihres Mäzens: »Wilczek-Insel«. Die Männer waren begeistert, endlich wieder festes Land unter den Füßen zu spüren. Und so karg und leblos diese Felsinsel auch sein mochte, so liebenswert und freundlich erschien sie ihnen. Auf einer Anhöhe errichteten sie einen Steinmann und verwahrten darin eine Nachricht, daß sie dieses Land für Seine Majestät, Kaiser Franz Josef I., Kaiser von Österreich und König von Ungarn, in Besitz nahmen.

Die »Tegetthoff« blieb die nächsten Wochen und Monate bewegungslos auf der Position 79° 51'N und 58° 56'E liegen. Sie diente als Stationshaus und Observatorium.

Die zweite Überwinterung begann, und die Krankheitsfälle nahmen zu. Erst im nächsten Frühling konnte Payer endlich seiner Neugier folgen und mit Schlitten weiter in das neu entdeckte Inselarchipel vorstoßen. Er tat das sehr gründlich. Unter unglaublichen Strapazen erreichte er schließlich die nördlichste Insel, die er auf den Namen »Rudolf-Insel« taufte. Noch heute tragen die Inseln die Namen, die Payer ihnen gegeben hat (s. Karte S. 144/145). Er deponierte eine Mitteilung am Nordkap der Rudolf-Insel und machte sich auf den Rückweg zum Schiff.

In der Zwischenzeit hatte sich die Situation an Bord der »Tegetthoff« verschlechtert. Skorbut und Schwindsucht hatten ihr erstes Todesopfer gefordert. Der Maschinist Otto Krisch war nach langem Todeskampf gestorben. Man hatte ihn an Bord aufgebahrt, Totenwache gehalten und am offenen Sarg gebetet. Der Schiffszimmermann hatte, obwohl selbst von Skorbut geschwächt, einen schlichten Sarg gezimmert, ein Matrose hatte ein Leichenhemd gestiftet und der Bootsmann einen Rosenkranz. Der norwegische Eismeister Elling Carlsen setzte zum traurigen Anlaß seine weiße Lockenperücke auf und steckte den Olafsorden an, den er für die Umrundung Spitzbergens erhalten hatte. Am 19. März trugen sie den Sarg über die Preßeisrücken zur drei Meilen entfernten Küste. Dort angelangt, stiegen sie die Anhöhe der Insel empor und begannen unweit des Steinmannes das Grab zu schaufeln. Julius Payer notierte damals in

**Zwei Dreizehenmöven.**

sein Tagebuch: »Schweigend, und gegen heftiges Schneetreiben kämpfend, zogen wir hinaus durch die trostlosen Schneegefilde, nach anderthalbstündiger Wanderung hinan zur Höhe der Wilczek-Insel. Hier, zwischen Basaltsäulen, nahm eine Kluft die irdische Hülle auf, überragt von einem einfachen Holzkreuze – eine traurige Stätte der ewigen Ruhe inmitten aller Symbole des Todes und der Abgeschiedenheit, fern von allen Menschen – unnahbar irdischer Pietät und dennoch ehrenvoller denn in einem Sarkophage, durch die unentweihbare Einsamkeit. Wir knieten im Umkreis des Grabes nieder, bedeckten es mit mühsam losgebrochenen Steinen, der Wind verhüllte es mit Schnee.«

Das war am 19. März 1874.

Einhundertsiebzehn Jahre später fällt der schwere Stockanker der »Dagmar Aaen« vor der Wilczek-Insel in fünfzehn Metern Tiefe auf den

141

Grund. Das Schiff schwojt noch ein wenig um die Ankerkette und bleibt dann ruhig liegen. Es ist der 5. August 1991. Bis auf vereinzelte Eisberge und versprengte Eisschollen ist das Gewässer um die Wilczek-Insel eisfrei. Bedeutend günstigere Verhältnisse, als die »Tegetthoff« sie damals vorfand.

Schon während der Ansteuerung der Wilczek-Insel hatten wir mit dem Fernglas die felsigen Küstenstreifen abgesucht und nach dem Steinmann der »Tegetthoff-Expedition« ausgeschaut. Anhand unseres GPS-Satellitenempfängers fahren wir genau auf 79°51'N und 58°56'E, der letzten bekannten Position der »Tegetthoff«.

Hier hatte man das Schiff am 20. Mai 1874 zurückgelassen und sich zu Fuß und anschließend mit Rettungsbooten auf den Weg nach Süden gemacht. Am 18. August desselben Jahres betraten die Schiffbrüchigen auf Nowaja Semlja zum ersten Mal wieder festen Boden.

Einige Tage später trafen sie auf russische Schiffe, die sie nach Norwegen brachten. Am 3. September erreichten sie Vardö, und die Weltöffentlichkeit erfuhr erstmals von der Odyssee der Expedition.

Über den Verbleib des Expeditionsschiffes gibt es keine Informationen. Nachdem es verlassen worden war, wurde es nie wieder gesehen. Vermutlich ist es irgendwann von den Eisfeldern zerdrückt worden und gesunken. Wir unternehmen den wenig erfolgversprechenden Versuch, die »Tegetthoff« zu finden, fahren die Bucht systematisch ab und loten dabei mit dem Video-Echolot. Das Gewässer vor der Wilczek-Insel ist teilweise über dreihundert Meter tief. Der Boden scheint eben zu sein. Wir entdecken nichts und geben schießlich die Suche auf.

**Chris startet mit der »Polaris« zu einem Eiserkundungsflug.**

**Das Polarmeer liegt unter uns.**

Dafür sehe ich mit dem Fernglas auf einer Klippe einen Steinmann stehen. Ist es der, von dem Payer berichtet hat, oder handelt es sich um ein Relikt einer späteren russischen Expedition?

Ich kann es nicht beschwören, aber nach meinem Kenntnisstand sind wir das erste Schiff nach der »Tegetthoff«, das hier vor Anker geht. Mit Ausnahme vielleicht von sowjetischen Forschungsschiffen. Ganz sicher ist kein westliches Schiff und schon gar kein privates Segelschiff seitdem hier gewesen.

Für mich bildet die »Tegetthoff-Expedition« eine Analogie zur »Franklin-Expedition« in der kanadischen Arktis. Franklin war mit den Schiffen »Erebus« und »Terror« aufgebrochen, um die Nordwestpassage zu finden – und kam mit Mann und Maus ums Leben. Über die Ursachen wurde lange spekuliert. Jahrzehntelang wurden Suchexpeditionen unternommen. Auf der Beechey-Insel fand man das erste Winterlager der

Expedtion und erste Gräber. Vor einigen Jahren haben kanadische Wissenschaftler drei im Eis vollständig erhaltene Leichen exhumiert und pathologisch untersucht. Sie waren an Bleivergiftung gestorben, die auf mangelhaft verlötete Blechkonserven zurückgeführt werden konnte. Die »Tegetthoff-Expedition« ist glücklicherweise glimpflicher ausgegangen.

Als wir mit dem Dinghi in der felsigen Bucht anlanden, entdecken wir viel Treibgut. – Teile der »Tegetthoff«? Wir gehen weiter ein kleines Schneefeld empor, das von einer Algenart rot gefärbt ist. Ein Schmelzwasserbach rauscht am Fuße des Schneefeldes hervor. Im Bachbett finden sich dichte grüne Algen, die sich wie Fäden in der Strömung ausrichten. Das Land ist nicht leblos. Auf der Anhöhe sehen wir dichte Moosfelder mit dem ganzen Spektrum arktischer Blu-

143

RUDOLF-
INSEL

EVA-LIV
INSEL

KARL
ALEXANDER
INSEL

LA
RONCIÈRE
INSEL

GREEM-BELL-INSEL

BERT-
INSEL

WIENER
NEUSTADT I.

WILCZEK LAND

CHEJSA-I.

GALLJA-I

KAP
FRANKFURT

-TOCK
-EL

SALM I.

WILCZEK-I.

# ICESAIL
# FRANZ-JOSEF-LAND

EXPEDITIONSSTRECKE
FRANZ-JOSEF-LAND

0     20     40     60     80     100 km

0     10     20     30     40     50 sm

men durchsetzt. Wir gehen im Zickzackkurs, um die Moosfelder nicht zu betreten. Im arktischen Klima dauert es Jahrzehnte, bis sich die Pflanzen von einem Fußtritt erholt haben. Fußabdrücke von Eisbären kreuzen unseren Weg. Wie zu Zeiten Payers und Weyprechts gibt es auch heute noch viele Bären. Zielstrebig gehen wir jetzt auf den Steinmann zu, den wir vom Schiff aus gesichtet haben.

Plötzlich entdecke ich unmittelbar an einer vorgelagerten Klippe einen weiteren kleinen Steinhaufen mit einem Holzkreuz. Anstatt zuerst zu dem Steinmann zu gehen, schlage ich die Richtung zum Holzkreuz ein.

Es herrscht eine unglaubliche Spannung. Ich wußte von dem Grab, hatte aber eigentlich nicht gehofft, es noch ausfindig zu machen. Und dann stehe ich davor. Das Kreuz ist verwittert und mit deutlichen Spuren eines hungrigen Eisbärgebisses versehen. Ansonsten ist es unversehrt. Auf dem Kreuz ist ein Messingschild angebracht.

Als ich ein wenig Vogelkot entferne und das Schild reinige, tritt die Gravur immer deutlicher hervor:

Hier ruht Otto Krisch
Maschinist der österreichischen arct. Expedition
gest. an Bord des Schiffes Admiral Tegethoff
am 16. März 1874, 29 Jahre alt
Friede seiner Asche!

Es fällt mir nicht schwer, mir diesen Ort im arktischen Winter vorzustellen. Unweit der Stelle, an der einst die »Tegetthoff« lag, liegt heute die »Dagmar Aaen« vor Anker. Dazwischen liegen 117 Jahre. Jetzt, an einem windstillen, sonnigen Augusttag, macht der Ort einen friedlichen Eindruck. Am 19. März, als die Beisetzung stattfand, muß er öde und abweisend gewirkt haben. Payer in seinem Tagebuch:

»Dann trat die Frage vor uns auf, ob es uns selbst vergönnt sein würde, in die Heimat zurückzukehren, oder ob das Eismeer auch für uns die unerforschliche Stätte unseres Endes bilden sollte.«

Wie einsam und verlassen dieser Ort ist, kann nur jemand ermessen, der wie wir mit einem kleinen Boot gekommen ist. Wer mit dem Hubschrauber oder dem Komfort eines modernen eisgehenden Schiffes anreist, wird die volle Dimension dieser Einsamkeit nicht verspüren.

Wir versammeln uns am Grab von Otto Krisch und tauschen unsere Gedanken aus. Es ist nichts von Pathos oder Ergriffenheit zu spüren. Wir reden ganz nüchtern und sachlich über die Vorgänge des Jahres 1874. Und trotzdem hält uns die Situation gefangen. Wir fotografieren, filmen und dokumentieren. Diskutieren, warum auf der Inschrift »Tegethoff« nur mit einem »t« und nicht wie sonst mit zweien geschrieben ist.

Wir lassen das Grab, wie es ist. Es bedarf unserer Pflege nicht. Das Kreuz ist fest verankert und der Steinhaufen solide aufgeschichtet. Wir gehen weiter und blicken uns mehrere Male – in Gedanken bei der Tegetthoff-Expedition – um.

Der Steinmann stammt ebenfalls von der Expedition. Allerdings sind wir nicht die ersten, die ihn untersuchen. Unweit des Steinmannes entdecken wir die Überreste einer kleinen Hütte. Slava meint, daß es sich um ein altes Funkfeuer handeln könne. Auch diese Station muß schon seit vielen Jahrzehnten aufgegeben sein. Wer auch immer den Steinmann das erste Mal geöff-

**Viele der Inseln sind von einem dichten Eispanzer bedeckt, der zum Meer hin steil abbricht.**

147

net hat, er hat nicht viel Vorsicht walten lassen. Als wir uns bis auf den Boden des Steingebildes vorgearbeitet haben, finden wir nur noch Bruchstücke von Gegenständen: zerborstene Flaschen, uralte Patronenhülsen, wie sie damals verwendet wurden, den Fuß eines Glases und Holzteile eines kleinen Fasses oder einer Kiste. Auf einem dieser Holzteile sind die Buchstaben »EGETHO« zu lesen. Auf den anderen Planken muß – aus den ersten und letzten Buchstaben gefolgert – ebenfalls das Wort »Tegethoff« gestanden haben. Wieder ist »Tegethoff« mit einem »t« geschrieben. Offenbar hatte man eine Nachricht sowie einige Gegenstände in einem kleinen Faß gelagert. Dieses Faß ist irgendwann zerstört worden. Trotzdem finden wir eine kleine Rolle Papier, die offen unter den Steinen liegt und der Verwitterung preisgegeben ist. Wahrscheinlich war sie in einer der Flaschen verwahrt gewesen, die jetzt nur noch als Scherben vorhanden sind. Wir nehmen das Papier an uns, da es sonst voll-

ständig verfallen würde. Eine Schrift ist mit bloßem Auge nicht zu erkennen, dafür lag das Papier zu lang ungeschützt im Freien. Aber vielleicht kann man im Labor etwas davon entziffern.

Wir bauen den Steinmann exakt wieder auf, wie wir ihn vorgefunden haben. Zuletzt deponieren wir im oberen Teil eine Flasche mit einer Notiz über unsere ICESAIL-Expedition und verschließen ihn dann endgültig. Wer weiß, wann der nächste Besucher hier vorbeikommt …

Abends, als wir wieder an Bord sind, sprechen wir lange über die Payer- und Weyprecht-Expedition. Wir haben an Bord eine gute und vielseitige Bibliothek, die viele Bücher über die Polar-

**Kap Flora auf der Nortbruk Insel. Ausgangspunkt einiger historischer Expeditionen.**

**Schneeschuhe für Pferde. Die Jackson-Expedition hatte Pferde zum Transport von Lasten eingesetzt.**

gebiete einschließt. Zum wiederholten Male lesen wir alles über die Expedition nach. Ich blättere in dem Buch von Christoph Ransmayr »Die Schrecken des Eises und der Finsternis«, betrachte das schriftlose Blatt Papier aus dem Steinmann, werfe gelegentlich einen Blick nach draußen auf die nahe Küste. Wir sind angekommen. Wir können Franz-Josef-Land sehen, riechen und anfassen. Ransmayr muß davon geträumt haben. Er beendet sein Buch mit dem Satz: »Mit meiner Handfläche schütze ich das Kap, bedecke die Bucht, spüre, wie trocken und kühl das Blau ist, stehe inmitten meiner papierenen Meere, allein mit allen Möglichkeiten einer Geschichte, ein Chronist, dem der Trost des Endes fehlt.«

Ich nehme mir vor, ihm davon zu erzählen.

Es ist gewiß nicht selbstverständlich, daß man sich der Wilczek-Insel mit einem Segelschiff nähern kann. Verhältnisse, wie sie Payer und Weyprecht vorfanden, wiederholen sich. Zufällig ist in diesem Jahr im Bereich der Wilczek-Insel wenig Eis. Doch bevor wir dorthin gefahren sind, waren wir bereits am Kap Flora auf der Nortbruk-Insel. Die ganze Ernsthaftigkeit des Eises konnten wir beim Versuch erfahren, westlich an Nortbruk vorbei die Gukera-Insel zu erreichen. Unvermittelt schlossen sich die Packeisfelder zu einer zusammenhängenden Fläche, und nur der bulligen Kraft des Motors, dem schnellen Entschluß zur Umkehr und der Solidität der »Dagmar Aaen« war es zu verdanken, daß wir der eisigen Umklammerung entfliehen konnten. Mit voller Maschinenkraft schoben wir riesige Eisschollen »zur Seite«, zwängten den Rumpf durch enge Schneisen und brachen kleinere Schollen entzwei.

Ich hätte die Situation nicht mit einem schlechteren Schiff meistern mögen. Außer roter Farbe, die an den Eisrändern hängenblieb, nahm die »Dagmar« keinen Schaden. Slava, der die Situation mit sorgenvoller Miene beobachtet hatte, zeigte sich anschließend beeindruckt vom Schiff. Teilweise schob sich das gesamte Vorschiff aufs Eis, krängte und brach das Eis entzwei – oder blieb darauf liegen. Rückwärts fahrend, dabei auf das Ruderblatt und die Schraube achtend, setzten wir zurück und nahmen einen neuen Anlauf, bis wir durch waren.

Spätestens jetzt machten sich die diversen Umbauten bezahlt.

Zurück am Kap Flora, ankerten wir zunächst in einer geschützten Bucht und unternahmen diverse Landausflüge. Wenn es einen Punkt auf Franz-Josef-Land gibt, der häufig von Expeditionen besucht worden ist, dann ist es Kap Flora.

Der Engländer Leigh Smith, der im Jahre 1873 den späteren Entdecker der Nordostpassage, Nordenskiöld, in der Mosselbucht auf Spitzbergen vor dem sicheren Hungertod bewahrt hatte, erreichte 1881 Kap Flora und verlor prompt seine Yacht »Eira« durch Eispressungen. Zusammen mit 25 Mann mußte er auf Kap Flora überwintern, bevor er im nächsten Frühjahr mit kleinen Booten die Rückreise antreten konnte.

Ein anderer Brite, namens Jackson, richtete auf Kap Flora eine erste Forschungsstation ein, die er »Elmwood« taufte. Hier fand im Jahre 1895 das historische Treffen zwischen Jackson und Nansen statt. Nachdem er zusammen mit Johannsen die »Fram« verlassen und auf einer Insel des Franz-Josef-Landes überwintert hatte, stieß Nansen zufällig auf Jackson. Beide waren sich einige Jahre zuvor schon einmal begegnet, und Nansen erkannte den Engländer sofort wieder. Jackson hingegen wußte zunächst mit dem völlig verdreckten und durch den Genuß von Walroßspeck und Eisbärfleisch übergewichtigen Norweger nichts anzufangen. Mit britisch kühler Höflichkeit begrüßte man sich mit »How do you do«. Erst nachdem einige Sätze gewechselt worden waren, ging Jackson ein Licht auf:

»You must be Nansen!« Damit war der Bann gebrochen. Nansen und Johannsen wurden zum Basislager »Elmwood« geleitet und konnten sich dort zunächst einer gründlichen Reinigung unterziehen. Jacksons Schiff, die »Windward«, wurde erwartet und nahm auf ihrer Rückreise schließlich die beiden Norweger mit in ihre Heimat.

Andere Expeditionen trafen in den Folgejahren am Kap Flora ein und hinterließen ihre Spuren. Wenn man den Begriff »lieblich« für eine arktische Landschaft verwenden darf, dann hier am Kap Flora. Der Name »Flora« verrät es: Dichte Moosteppiche mit grünen und purpurroten Farben bilden den Untergrund. Darauf gesprenkelt die arktischen Blumen. Die Südlage des Kaps läßt selbst an den steilen Felshängen Flechten wachsen. In den Felsen nisten Alken, Trottellummen und Dreizehenmöwen. Am Ufer eines kleinen Teiches wächst Gras. Im Teich finden sich wiederum Algen und kristallklares Wasser. Vom Klippenrand aus blickt man über die mit Eisbergen übersäte See. Es ist still und friedlich. Unterbrochen wird die Stille nur vom Gezeter der Vögel, die in den Felsen nisten, sowie dem Schnaufen und Grunzen der Walrosse, die fett und träge auf den Eisschollen liegen und sich den Speck von der Sonne wärmen lassen.

Ein steinerner Obelisk erinnert an eine weitere Expedition, die auf Franz-Josef-Land ihren Ursprung hatte: die »Stella-Polaris«-Expedition des italienischen Adligen Prinz Ludwig Amadeus von Savoyen, Herzog der Abruzzen. An Bord der »Stella Polaris« erreichte man 1899 nahezu mühelos die Rudolf-Insel und verbrachte dort den Jahrhundertwechsel. Im Frühjahr unternahm der Korvettenkapitän Umberto Cagni den Versuch, mit Hundeschlitten den Nordpol zu erreichen und schlug dabei Nansens Rekord um ca. zwanzig Meilen, die er dem Nordpol näher kam. Allerdings kostete dieser Rekord auch fast einem Drittel der Expeditionsmannschaft das Leben. Eine Nachschubabteilung unter Francesco Querini blieb bis zum heutigen Tag verschollen. Ihnen zum Andenken hat man auf Kap Flora einen Obelisken gewidmet, der heute noch unverändert dort steht. Das Kap ist voll von den

Ruinen alter Expeditionen. Zugleich ein Müllplatz der Geschichte. Verrostete Konservendosen, zerborstene Flaschen, Küchen- und Haushaltsgeräte aller Art lagern dort, vom arktischen Klima bestens konserviert. Die Grundmauern von »Elmwood«, Jacksons Expeditionslager, stehen noch heute. Hier hatten einst Nansen, Johannsen und Jackson gestanden und auf die Ankunft der »Windward« gewartet. Ein Stück weiter, direkt am Klippensturz, die Überreste der Notunterkunft von Leigh Smith. In einiger Entfernung außerdem die recht gut erhaltene Hütte der Ziegler-Fiala-Expedition, die von 1903 bis 1905 dort weilte.

Es ist erlebte Geschichte. Wieder einmal habe ich das Gefühl, daß die Zeit in der Arktis einem anderen Rhythmus gehorcht. Selbst der Verfall schreitet langsamer voran als woanders in der Welt.

Im Zickzackkurs durchfahren wir das Franz-Josef-Land, halten uns weiter nordwärts und schlängeln uns durch immer dichter werdendes Packeis hindurch. Unser nächstes Ziel ist die Chejsa-Insel. Dort gibt es eine sowjetische Forschungsstation. Slava kennt die Station aus eigener Anschauung. Über Funk nimmt er Kontakt auf, und man lädt uns herzlich zu einem Besuch ein.

Auf dem Weg dorthin kommt es zu einem bemerkenswerten Treffen. Einer der gigantischen sowjetischen Atomeisbrecher taucht plötzlich auf. Es ist die »Vaigatsch«, erst 1989 in Dienst gestellt und mit 40 000 PS gesegnet. Über Funk lädt uns der Kapitän ein, längsseits zu kommen und einen Blick auf die Eiskarten zu werfen. Dieses Angebot nehme ich sofort an. Neben der riesigen gepanzerten Bordwand der »Vai-

**Die Überreste des Basislagers der Jackson-Expedition am Kap Flora.**

**Arktischer Mohn.**

gatsch« nimmt sich die »Dagmar Aaen« wie ein Spielzeug aus. Ich vermute, daß sie einer der großen Kräne ohne Mühe an Deck heben könnte. Eine Jakobsleiter wird hinuntergelassen. Zusammen mit Slava klettere ich empor. Wir werden von einem wachhabenden Offizier begrüßt und in einem Fahrstuhl zur Brücke geleitet. Dort steht bereits Kaffee bereit, Eiskarten liegen auf dem Tisch, und der Kapitän heißt uns willkommen an Bord. Von der Brücke der »Vaigatsch« haben wir einen Ausblick, wie wir ihn sonst nur von unseren Erkundungsflügen mit der »Polaris« kennen. Der Masttop der »Dagmar« reicht gerade über die Reling der »Vaigatsch« hinaus. Die Decksaufbauten entsprechen nochmals der Höhe eines Hochhauses.

Ein Studium der Eiskarten ergibt, daß unsere Chancen, weiter nach Norden zu gelangen, gering sind. Zuviel Eis! Auch am Kap Tscheljuskin sieht es in diesem Jahr schlecht aus. Zur Zeit liegt dort noch eine geschlossene Eisdecke. Es sei derzeit einfacher, zum Nordpol zu gelangen, als ums Kap Tscheljuskin herumzufahren, meint der Kapitän nachdenklich. Zwei sowjetische Atomeisbrecher seien vor einigen Tagen gerade am Pol eingetroffen. Allerdings handelt es sich

152

hierbei um fast doppelt so starke Eisbrecher wie die »Vaigatsch«, und die mutet uns schon gigantisch an.

Das Angebot einer heißen Dusche mit Sauna und anschließendem Essen lehne ich schweren Herzens ab. Zu unsicher scheint mir die Situation der »Dagmar Aaen« längsseits der »Vaigatsch«. Driftende Eisfelder kommen ihr immer näher. Wirkungslos prallen sie von der Bordwand des Eisbrechers ab, für uns bedeuten sie höchste Gefahr. Wir verabschieden uns ein wenig überstürzt von unseren Gastgebern und eilen die diversen Stockwerke hinunter an Deck. Als wir wieder auf der »Dagmar« stehen, kommt es uns vor, als hätten wir gerade das Empire State Building bestiegen. David und Goliath trennen sich wieder. Segel und 180 PS gegen atomgetriebene 40 000 PS. Dazwischen liegen Welten und Weltanschauungen.

Wir halten Kurs auf die Chejsa-Insel. Ein Rettungsboot kommt uns mit dem Stationsleiter entgegen und weist uns zwischen gestrandeten Eisbergen einen Ankerplatz zu. Den Vorschlag, an einem der Berge längsseits zu gehen und dort festzumachen, lehne ich ab. Vor Anker ist das Schiff immer noch beweglich. Es kann nicht so leicht in die Zange genommen werden.

Die Station ist um einen kreisrunden See angeordnet, der vor Urzeiten durch einen Meteoriteneinschlag entstanden ist. Eigentlich ein idyllischer Platz, wäre er ein wenig aufgeräumter. Vom Haushaltsmüll bis hin zum Flugzeugwrack ist alles vertreten. Entsorgt wird hier offensichtlich nichts. Bei der Generatorenstation riecht der Boden intensiv nach Diesel, und auf dem Wasser bilden sich Ölschlieren. Offenbar ist hier etwas undicht. Dem Umweltschutz wird wenig Bedeutung beigemessen. Wir diskutieren mit den Wissenschaftlern darüber. Jeder weiß es, jeder findet es schlimm – nur, keiner tut etwas dagegen. Wir werden in das wissenschaftliche Programm eingewiesen, besichtigen die Abschußrampe für Raketen, mit denen Meßsonden bis zu 100 Kilometer in die Atmosphäre geschossen werden und dann am Fallschirm langsam zu Boden sinken. Sie liefern exakte Daten über Luftdruck, Luftfeuchtigkeit und Temperatur. Auf der Wil-

czek-Insel hatten wir eine solche Sonde gefunden und sie der Station als Geschenk mitgebracht. Die Wissenschaftler sind begeistert. Da jede Sonde numeriert ist, können sie den Zeitpunkt des Starts und die Meßergebnisse nachschlagen und damit eventuell Rückschlüsse auf die Funktionen der Sonde ziehen. Einmal pro Woche werden die Raketen gestartet. Die Wetterballone werden hingegen zweimal täglich in die Atmosphäre geschickt. Sechzig Frauen und Männer leben auf der Station das ganze Jahr hindurch. Die Verbindung zum Kontinent wird mittels großer Hubschrauber aufrechterhalten. Ausrüstungsgüter gelangen auf Frachtschiffen und Eisbrechern zur Station.

Nach einem gemeinsamen Essen verlassen wir die Station und gehen an Bord, um der anderen Hälfte der Crew Gelegenheit zu geben, sich an Land umzusehen. Die Eislage ist mir zu riskant, so daß das Schiff ständig mit einer vollen Wachmannschaft besetzt ist.

Am nächsten Morgen hat der Wind gut sechs Beaufort erreicht, und die angeblich gestrandeten Eisberge beginnen zu treiben. Wir hieven den Anker und verlassen fluchtartig die Bucht. Wir wollen noch weiter nach Norden, aber das Wetter scheint uns einen Strich durch die Rechnung zu machen. Mit einem Mal ist die Landschaft eisig und abweisend. Himmel, Eis und Meer scheinen zu einer grauen Masse zu verwachsen. Wir fahren trotzdem weiter nach Norden. Laufen an der Ostküste von »Ostrov Viner Nejstadt«, der Wiener-Neustadt-Insel, entlang. Payer hatte sie so getauft, und die Russen haben den Namen übernommen. Die Insel besteht aus einer riesigen Eiskappe, die wie eine Käseglocke an den Rändern hinunterreicht. Wir haben Westwind und halten uns daher im Windschatten der Insel. Trotzdem gefällt mir die Situation nicht. Detlef hat Wache, ich berate mich mit ihm. Uns dicht unter der Küste haltend, fahren wir unter Maschine und Segeln weiter. Durch den Starkwind wird immer mehr Eis hineingeschoben, das nach Osten hin von dem Wilczek-Land an einer weiteren Ostdrift gehindert wird. Das Eis packt sich wie von Geisterhand bewegt zusammen und schließt langsam, aber sicher die schmale Passage hinter uns. Irgendwie schrillen bei mir die Alarmglocken. Obwohl voraus noch eine Wasserrinne zu sehen ist, gebe ich abrupt die Order zur Umkehr. Auch Detlef ist nicht mehr wohl in seiner Haut. Auf 80° 52'E drehen wir um. Wir bergen die Segel und laufen unter Maschine so schnell zurück, wie es die Eisverhältnisse erlauben.

Das Gespür hat mich nicht getäuscht. Durch einen Engpaß rutschen wir gerade noch durch. Der nächste schließt sich vor unseren Augen. Dahinter, nach einigen Kabellängen, wieder offenes Wasser. Ich zögere nicht. Wir müssen durch, wenn wir nicht eingeschlossen werden wollen. Wir haben eine denkbar ungünstige Position erwischt. Zur Steuerbordseite liegt die Abbruchkante des Gletschers, eine eisige Front, so unverrückbar wie eine Kaimauer. Von der Backbordseite schieben und drücken die Packeisfelder gegen Boot und Gletscher. Die Gletscherkante würde bei Pressungen verhindern, daß das Schiff emporgehoben würde. Darin liegt die Hauptgefahr. Noch sind die Schollen vor uns lose zusammengeschoben. Ich lenke das Schiff so dicht an die Abbruchkante heran, daß wir mit der Bordwand und Reling am Eis entlangschraben. Das Echolot zeigt 25 m Wassertiefe an.

Mit voller Maschinenleistung zwinge ich den stahlbewehrten Bug zwischen Gletscher und Packeis. Das Schiff vibriert und wälzt sich von einer Seite auf die andere. Duri, der Kameramann, ist begeistert und springt auf den Gletscher, um zu filmen. Detlef, Rainer und ich können die Begeisterung nur schwer teilen.

Während Detlef vorn Ausguck hält, Darryl im Mastkorb steht, Rainer die Maschine betreut, fahre ich die Manöver. Zentimeterweise dringt der Bug der »Dagmar Aaen« in den Spalt ein, vergrößert ihn, so daß der ganze Rumpf hineinpaßt. Das Kielwasser ist von der auf voller Last arbeitenden Schraube aufgewirbelt. Ich setze einige Male zurück und suche dann einen neuen Spalt im Eis, um den Bug dort hinein zu manövrieren. Es klappt. Während Duri sich sputen muß, um vom Gletscher samt Kamera wieder an Bord zu gelangen, schieben wir die letz-

ten Eisschollen zur Seite und fahren in freies Wasser ein.

Hinter uns schließt sich die Lücke sofort. Wir laufen weiter nach Süden ab, bis wir aus der Gefahrenzone sind.

Wir haben es noch einmal geschafft! Wären wir nur noch einige Minuten weiter nach Norden gefahren, hätte uns das Eis festgehalten. Wer weiß, für wie lange …

Der Wind hat sich inzwischen zu einem richtigen Sturm entwickelt. Vor Kap Frankfurt, ebenfalls ein Name, für den Payer verantwortlich zeichnet, ankern wir in 15 Metern Wassertiefe. Wir stecken 60 Meter Kette aus und liegen vor Eis und Seegang bestens geschützt. Die Böen erreichen 9 Beaufort. Der Anker, ein schwerer Stockanker, der noch aus der Fischerei stammt, hält tadellos. Den ganzen nächsten Tag stürmt es weiter. Ich beschließe, besseres Wetter abzuwarten. Im Sturmwind steigen wir auf das 400 Meter hohe Kap Frankfurt und freuen uns über den Ausblick. Die Eisfelder und darin verstreut die Eisberge sind in Bewegung. Es ist nicht ratsam, sich mit einem Schiff in die driftenden Eismassen zu begeben. Erst am darauffolgenden Tag läßt der Wind nach.

Schweren Herzens nehme ich Abstand von dem Wunsch, doch noch die Rudolf-Insel aufzusuchen. Das Risiko, eingeschlossen zu werden, ist mir zu groß. Statt dessen fahren wir am gezackten Kap Tegetthoff vorbei noch einmal in westliche Richtung, um einen weiteren Anlauf nach Gukera zu wagen. Mühselig tasten wir uns durch die Eisfelder zur Ostseite der Insel. Während Chris die »Polaris« zusammenbaut, gehe ich mit Brigitte und Manfred an Land. Wieder sind wir überwältigt von den Blumen und Moosen, die in prachtvollen Farben hier wachsen. Doch die Ruhe ist trügerisch. Immer wieder verdichten sich die Eisfelder in der Bucht, bis kaum noch freies Wasser zu sehen ist. Zurück an Bord, betrachte ich die Eissituation mit wachsender Sorge. Duri und Nabil möchten aus der Luft filmen, aber an einen Start der »Polaris« ist längst nicht mehr zu denken. Brigitte und Darryl, die mit Faltbooten entlang der Küste unterwegs waren, haben Mühe, das Schiff wieder zu

154

erreichen. »Es macht überall zu«, ist ihre einhellige Meinung. Ich schicke Chris und Darryl mit dem Flugboot sowie einem Faltboot an Land, um die »Polaris« dort zu zerlegen. Währenddessen hieven wir den Anker und halten die Fahrrinne offen, damit die beiden samt Ausrüstung vom Land zurückkommen können. Rainer steigt kurz entschlossen ins zweite Faltboot, um ihnen zu helfen. Die Zeit drängt. Nachdem die Tragflächen demontiert und zusammengelegt sind, bindet Rainer die beiden Faltboote zu einem Katamaran zusammen, legt das sperrige Paket mit den Tragflächen in die Mitte und paddelt durch die offene Rinne zum Schiff zurück. Chris und Darryl folgen mit dem Schlauchboot. Faltboote und Tragflächen werden an Bord genommen, das Dinghi an kurzer Leine hinterhergezogen. Wir verlassen die Bucht. Wieder geraten wir in einen mühsamen Kampf mit dem Eis. Allerdings gibt es hier keine bedrohliche Gletscherwand, so daß wir die

Schollen seitlich wegdrücken können. Immer auf der Suche nach offenen Wasserrinnen, steht jeweils einer im Mastkorb und ein weiterer vorn am Bug. Die Crew ist mittlerweile auch auf solche Situationen gut eingespielt. Wieder müssen Schiff, Maschine und Besatzung zeigen, was sie können.

Es dauert den ganzen Nachmittag, bis wir offenes Wasser erreichen. An einigen Stellen sieht der Rumpf der »Dagmar« aus, als sei er mit dem Sandstrahl behandelt worden. Die rote Farbe ist an den Eisschollen hängengeblieben.

Wir fahren zur Mac-Klintock-Insel und gehen dort in einer geschützten Bucht vor Anker. Es sind unsere letzten Tage auf Franz-Josef-Land. An Land finden wir viele Eisbärspuren. Einmal, auf der Nortbruk-Insel, haben wir in einiger Ent-

**Die russische Forschungsstation auf der Chejsa-Insel.**

fernung eine Bärin mit zwei Jungen gesehen. Den Spuren nach zu urteilen, muß es eine große Zahl von Eisbären auf Franz-Josef-Land geben. Es waren die Russen, die Vorreiter in der Eisbärforschung waren. Sie schlugen als erste Alarm, als sie bemerkten, daß die Population durch Überjagung in ihrem Bestand gefährdet war. Der russische Wissenschaftler Prof. Dr. Uspenski hatte viel Zeit mit der Erforschung des größten Landraubtieres der Erde verbracht und maßgeblich daran mitgewirkt, daß die Eisbären international unter Schutz gestellt wurden. Rechtzeitig genug, wie sich heute sagen läßt, denn die Zahlen der Eisbärpopulation haben sich stabilisiert, und es besteht heute keine unmittelbare Gefahr mehr für die Eisbären.

Chris versucht erneut, die »Polaris« zu montieren und damit Duri die Möglichkeit für Luftaufnahmen zu geben. Während wir mit der »Dagmar« an Eisbergen entlangfahren, filmt uns Duri aus der Luft. Als dann dichter Seene-

bel aufzieht, verlieren wir uns aus den Augen. Über Funk höre ich, daß sie sicher gelandet sind und auf günstigere Bedingungen warten. Trotzdem entschließe ich mich, das Fliegen und die Filmaufnahmen abzubrechen. Der Nebel zieht schnell, und man kann die Hand vor Augen nicht sehen. Kein Film der Welt ist es wert, daß deshalb irgend jemand Schaden nimmt. Duri wäre kein Profi, wenn er in dieser Situation nicht enttäuscht sein würde, aber wir sind in den vergangenen Tagen genug Risiken eingegangen.

Während wir wieder vor Anker gehen, baut Chris die »Polaris« auseinander. Er macht dies zum letzten Mal. Nach langen Diskussionen hat Chris sich entschlossen, die Expedition in Narjan Mar zu verlassen. Seit längerer Zeit hat er starke Schmerzen im rechten Bein, ohne daß

**Walrosse sind unsere täglichen Besucher.**

es dafür einen offensichtlichen Grund, eine Verletzung oder ähnliches gäbe. Die ständigen Schmerzen schlugen natürlich auf seine Gesamtstimmung. Wir alle hatten diese Belastung für ihn wohl unterschätzt. In der Gruppe wie auch in Einzelgesprächen hatten wir versucht, ihn umzustimmen, ihm Durchhaltevermögen zu vermitteln. Ich hatte das Gefühl, die Schmerzen im Bein waren eher psychosomatischer Natur, und versuchte nachzuforschen, woher sie kamen. »Spannungen mit einzelnen Mannschaftsmitgliedern?« hatte ich gefragt. - »Gewiß, auch das.« Ich antworte ihm, daß die Probleme, die er andeutet, von jedem erwartet wurden und nach vier Monaten Reisedauer auf einem kleinen Schiff durchaus normal seien. Er zögerte eine Zeitlang, machte sich Sorgen, wer fortan die »Polaris« fliegen würde. Unsicherheit auch auf seiner Seite. Es war schwer, zu diesem Zeitpunkt in ihn einzudringen. Ich bin traurig über seinen Entschluß und sage es ihm auch. Ich versuche aber nicht, ihn zum Bleiben zu überreden. Nur wenn jeder völlig hinter den Zielen einer Expedition steht, hat sie Aussicht auf Erfolg. Als wir am 13. August den Anker hieven und Kurs auf das Festland nehmen, beginnt für Chris die letzte Etappe. Es ist ein schweres Abschiednehmen.

# Auf Messers Schneide

Am 19. August
findet der Militär-
putsch statt.
Wir versammeln
uns unter Deck und
halten Kriegsrat.

Narjan Mar, im Mündungsdelta des Petschora-Flusses gelegen, ist unser nächstes Ziel. Der Ort ist für uns von besonderem Interesse, weil er mitten im Gebiet der Nenets liegt. Die Nenets sind eines der Naturvölker, die den Norden der UdSSR seit Urzeiten bewohnen. Die Polarvölker haben stets eine besondere Faszination auf mich ausgeübt. Die kanadischen Eskimos zum Beispiel haben mich gelehrt, in der winterlichen Arktis mit einfachsten Mitteln zu überleben und den Schrecken vor dieser Landschaft zu verlieren. Ich habe Freunde unter ihnen gewonnen. Wenn sie auch viele meiner Expeditionen belächelt haben, so war es doch ein gutmütiges, wohlwollendes Lächeln. Sie fanden es erstaunlich, daß ein Europäer unter vielen Mühen das Handwerk des polaren Reisens erlernte und versuchte, wie sie zu leben. Aber sie haben den etwas sonderbaren Europäer immer akzeptiert.

Von den sowjetischen Polarvölkern weiß ich außer den Namen und der Lektüre einiger wissenschaftlicher Abhandlungen nichts. Nur wenige Europäer haben in den vergangenen Jahrzehnten Zugang zu ihnen gefunden. Ich möchte sehen, wie sie leben. Ich habe mir vorgenommen, mich auf einer späteren Expedition eigens nur mit ihnen zu befassen.

Doch zunächst kommt alles ganz anders. Morgens, am 19. August 1991, werfen wir bei der Ansteuerungstonne in der Petschora-Mündung den Anker und warten auf den Lotsen, der uns für die Mittagszeit angekündigt worden ist. Es ist ein ruhiger, nahezu windstiller Morgen. Nach der Überfahrt von Franz-Josef-Land genießen wir die Trägheit dieses Vormittags. Während einige schlafen oder in der Sonne dösen und ab und zu einer neugierigen Robbe zusehen, nutzt Duri die Stille im Schiff, um über unsere Funkanlage die »Deutsche Welle« abzuhören. Er kommt genau richtig zu den Nachrichten.

Wenig später ist es vorbei mit der Ruhe an Bord. Aufgeregt kommt er an Deck gestürzt und berichtet uns, daß in der UdSSR ein Militärputsch stattgefunden habe. Gorbatschow sei abgesetzt und in seinem Feriendomizil auf der Krim unter Arrest gesetzt. Näheres ist nicht bekannt. Die Militärs haben den Ausnahmezustand ausgerufen, in Moskau patrouillieren Soldaten und auf strategisch wichtige Punkte sind Panzer aufgefahren.

Das Ende von Perestroika und Glasnost!

Auch wenn die Putschisten behaupten, es werde sich an der bisherigen Politik grundsätzlich nichts ändern, es glaubt ihnen niemand. Am wenigsten Slava, der völlig deprimiert den Neuigkeiten zuhört. Die Hoffnung von Millionen Menschen ist schlagartig dahin. Die freien Rundfunksender sind besetzt. Boris Jelzin, der lautstark Protest anmeldet und zum Streik der zivilen Bevölkerung aufruft, wird scharf verwarnt. Die Rückkehr in die politische Eiszeit scheint angebrochen zu sein. Die internationalen Reaktionen sind entsprechend. Finanz- und Wirtschaftshilfen werden eingefroren, die neue Regierung wird nicht anerkannt. Die bange Frage taucht auf, über wieviel Rückhalt die Militärs verfügen. Slava meint, es komme zum Bürgerkrieg. Unseren Eindrücken nach gibt es eine überwältigende Mehrheit für Perestroika, auch wenn Michail Gorbatschow bei weitem nicht das Wohlwollen der Bevölkerung genießt wie in der westlichen Welt. Aber unsere Eindrücke sind nicht repräsentativ. Slava sieht die Situation eher skeptisch. Es gibt immer noch Machtgruppen, die den alten Kurs befürworten.

Wir erleben ein weiteres Kapitel unerfreulicher Weltgeschichte und stecken darüber hinaus mitten darin. Was wird aus uns? Es dauert nicht lange, bis die Frage aufgeworfen wird.

Was sollen wir tun? Anker lichten und direkten Kurs auf Norwegen nehmen? Möglich wäre das, auch wenn wir nur noch wenig Brennstoffreserven haben. Aber das würde auch einer Kapitulation gleichkommen. Wir werden zunächst einmal nach Narjan Mar fahren und dort weitersehen. Um 12 Uhr kommt der Lotse an Bord. Slava bestürmt ihn sofort auf russisch mit zahlreichen Fragen. Aber der Mann weiß weniger von der Situation als wir. Ihn scheint es auch nicht sonderlich zu interessieren. Moskau ist weit und obendrein nur per Flugzeug oder Schiff zu erreichen.

Es sind ungefähr 60 Meilen, die wir flußaufwärts fahren. Nach einiger Zeit gesellt sich ein

Schlepper mit einer Schute zu uns. Wir gehen auf Bitten des Lotsen längsseits, er wechselt auf den Schlepper über, und wir folgen dem Kielwasser.

Neue Nachrichten kommen über die »Deutsche Welle« rein: Gorbatschow soll angeblich nach Moskau gebracht und aufgefordert worden sein, offiziell zurückzutreten. Er hat abgelehnt. Erste Städte haben sich gegen den Putsch gewandt. Auch unter den Militärs scheint es Widerstand zu geben. Das kann alles schlimmer machen, meint Nabil und hat damit vermutlich recht. Wenn erst geschossen wird, dann wird es furchtbar. Die Frage, was aus uns und der Expedition wird, stellt sich immer dringlicher. Ich überdenke die Lage und teile den anderen meine Einschätzung mit. Wenn der Ausnahmezustand anhält und ein Rechtsruck durch das Land geht, können wir das Schiff unmöglich über Winter in Igarka lassen. Meiner Meinung nach haben wir nur zwei Möglichkeiten: 1. Wir kehren um nach Norwegen und überwintern in Vadsö. Im nächsten Jahr könnte man dann entweder noch mal in die Nordostpassage einfahren oder aber in umgekehrter Richtung über die Nordwestpassage Richtung Beringstraße. 2. Wir fahren von Narjan Mar nonstop durch bis Alaska. Dies setzt allerdings voraus, daß die Eisverhältnisse günstig sind. Außerdem muß ich sicher sein, daß Misha und »Centre Pole« bei dieser Gewalttour keine Probleme mit den Behörden bekommen. Sicherlich haben sie im Moment ganz andere Sorgen. Ich mache also meine Entscheidung, ob Norwegen oder Alaska, von den Eisverhältnissen und von Mishas Zustimmung abhängig. Aber vielleicht ändert sich die Lage auch noch – wer weiß.

So richtig glücklich ist mit dieser Entscheidung keiner. Mein Vorschlag, nach Alaska durchzu-

**Zu Besuch bei den Nenets in der Tundra.**

fahren, stößt nur auf geringe Gegenliebe. Wir sind seit über 120 Tagen auf dem Schiff. Man spürt, daß der Dampf bei einigen raus ist. Außerdem fürchten einige, nicht rechtzeitig nach Hause zu kommen, um dort termingerecht wieder ihrer Arbeit nachzugehen. Das Fehlen jeglicher Privatsphäre fordert zusätzlich seinen Tribut. Jeden Tag die gleichen Gesichter, dieselben Geräusche, dieselbe Speisekarte. Schlafsäcke, die mittlerweile trotz regelmäßigen Lüftens stinken. Wache gehen, schlafen, der gleiche Rhythmus seit Monaten. Trotz aller Eindrücke und Erlebnisse wird die Enge an Bord immer quälender und drückender. Jeder hat sich inzwischen mit dem Gedanken vertraut gemacht, daß das Schiff in Igarka am Jenissei überwintern soll. Ein Ende wäre abzusehen trotz aller Schwierigkeiten, die das Eis für uns vielleicht noch parat hält. Diese neue Situation macht nun die Planung mit einem Schlage zunichte. Entweder der Frust, nach Norwegen umkehren zu müssen und im nächsten Jahr erneut zu starten, oder aber die lange und ungewisse Fahrt nach Alaska. Kein leichter Brocken. Die Stimmung ist gedrückt. Aber nicht nur deshalb.

Wir haben auf unserer Reise ein Land im Auf- und Umbruch erlebt. Haben mit Menschen gesprochen, die voller Enthusiasmus in die Zukunft blicken, die sich neue Existenzen aufzubauen beginnen und aus der Isolation den Schritt in die Offenheit und Internationalität wagen. Wie viele Militärangehörige waren in Murmansk und Archangelsk zu uns an Bord gekommen und hatten sich ganz ungezwungen unterhalten. Jeder schien froh zu sein, daß die alten Zöpfe endlich abgeschnitten werden.

Dies alles ist jetzt in Frage gestellt. Das lastet auf uns allen gleichermaßen. Wir brauchen nur Slava stellvertretend anzusehen, um ein Gefühl dafür zu bekommen, wie es in Millionen von Menschen zur Stunde aussehen muß. Slava will das Schiff nicht verlassen. Da wir unter deutscher Flagge fahren, genießt er diplomatischen Schutz an Bord. Aber welche Perspektive ergibt das schon für jemanden, der gerade den Schritt in die Selbstständigkeit gewagt hat und sich als Kosmopolit fühlt? Aber auch materielle

Sorgen drücken. Duri und Nabil wissen nicht, ob es Probleme mit ihrem Filmmaterial gibt. Der Ausnahmezustand ist ausgerufen. Es ist ohne weiteres denkbar, daß alles Material beschlagnahmt wird. Versicherungen verlieren unter diesen Bedingungen ihre Gültigkeit. Auch das Schiff ist theoretisch nicht mehr versichert. Eine Fülle von Fragen und Sorgen, die auf uns einstürzen.

Ich fühle mich in diesem Augenblick auf einmal sehr einsam und bin froh, daß meine Freundin Brigitte an Bord ist. Sie versteht mich, ohne daß ich etwas sagen muß. Ich empfinde einen großen Druck, eine große Verantwortung. Die gesamte Crew schaut auf mich, wartet auf meine Entscheidungen. Wieder, wie schon damals bei der Abfahrt in Hamburg, denke ich zurück. Wie im Zeitraffer fliegen die letzten Wochen vorbei. Die Gedanken türmen sich auf. Die Freude, die Genehmigungen bekommen zu haben, die bewegenden Kontakte zu einem so gastfreundlichen Volk, die Herzlichkeit, die uns entgegenschlug, die harte Arbeit an Bord, die Herausforderung an Mannschaft und Schiff. Ich bin dankbar, daß ich bereits früher extreme Abenteuer durchstehen mußte. ICEWALK mit 8 Männern zu Fuß zum Nordpol, die Antarktis mit Reinhold Messner. In den letzten Tagen haben mich einige an Bord doch enorm genervt. Alles lief auf mich zu, viele Auseinandersetzungen mußte ich schlichten. Jetzt verstehe ich sie wieder besser. Ich weiß, ich muß jetzt Stärke zeigen, Mut zur Entscheidung. Die Expedition steht auf des Messers Schneide. Bisher gab es einen sehr lockeren Führungsstil an Bord – bewußt, weil ich nichts davon halte, den großen Boß herauszukehren. Jetzt bin ich gefordert. Ich horche in mich hinein, sammele Kraft, atme durch. Ich weiß, daß wir es schaffen, weiß, daß ich es kann. Ich schaue Brigitte an. Wie immer, kann sie wohl meine Gedanken nachvollziehen. Es gibt keine bessere Partnerin. Schon deshalb hat sich die Reise wieder gelohnt.

Wir haben ein Problem. Wir werden es lösen. Gegen Abend fordert uns der Schlepperkapitän auf, längsseits zu kommen. Leinen werden übergeben, und ob wir wollen oder nicht, wir werden fortan mit zehn Knoten geschleppt. Den Grund für diese Maßnahme sollen wir bald erfahren. Der Kapitän des Schleppers möchte uns gern unter der Hand Diesel verkaufen. Schnell werden wir uns handelseinig. Noch während wir geschleppt werden, wandern fast 4000 Liter Diesel in unsere Tanks. Damit sind wir einer Sorge ledig. Denn ob wir wie geplant in Narjan Mar Diesel erhalten werden, ist unter den gegebenen Umständen völlig ungewiß. Der Handel muß standesgemäß begossen werden: Pro 1000 Liter Diesel wird eine Flasche Wodka getrunken. Dazu ein lecker aussehender Lachs zu einem unappetitlichen Haufen zerstückelt. Es tut mir leid um den Lachs, und soviel Wodka mag ich auch nicht. Die politische Lage interessiert den Kapitän nicht, und traurig wird er höchstens, als die letzte Flasche Wodka endlich geleert ist. Der richtige Zeitpunkt, um uns loszueisen.

In der Ferne tauchen die Lichter von Narjan Mar auf. Es ist ungewöhnlich für uns, in der Nacht zu fahren. Seit Monaten haben wir 24 Stunden lang Tageslicht gehabt. Durch die fortgeschrittene Jahreszeit können wir jetzt endlich wieder Sterne sehen. Wir sind froh, als wir die Leinen vom Schlepper loswerfen können, und gehen an eine kleine Holzpier, die uns der Lotse zuweist. Es ist inzwischen der zweite Lotse, da der erste seit dem Gelage auf dem Schlepper kaum noch auf den Beinen stehen kann. Entgegen allen unseren Erwartungen und Befürchtungen stehen weder Militär noch ein Imigration

**Ein Chum, das Wohnzelt der Nenets.**

163

Officer an der Pier. Einige freundliche Russen haben unser nächtliches Eintreffen bemerkt und sind gekommen, um uns zu begrüßen. »Moskau ist weit«, übersetzt uns Slava. Man weiß von dem Putsch, sieht der Sache aber erstaunlich gelassen entgegen. Mir gelingt es, über Norddeich-Radio ein Telefonat mit Holger in Hamburg zu erreichen. Obwohl es mitten in der Nacht ist, sitzt er in seinem Büro und hat auf eine Nachricht gewartet. Die Verbindung ist schlecht. Mehrfach muß ich die Frequenzen wechseln, aber wir können uns immerhin verständigen. In Deutschland ist man in großer Sorge. Nicht nur um uns, sondern allgemein wegen der angespannten Situation. Man merkt Holger die Erleichterung an, als er hört, daß wir von dem Putsch nur aus dem Radio wissen. Er berichtet mir von Fernsehbildern, die Panzer in Moskau zeigen. Eigentlich wollte er nach Narjan Mar fliegen, um uns dort zusammen mit Misha und anderen Freunden zu treffen. Daraus wird jetzt nichts. Das sowjetische Konsulat ist geschlossen. Er bekommt so schnell kein Visum.

In Narjan Mar erwartet uns Jura, ein Mitarbeiter von »Centre Pole«. Trotz der politischen Lage können wir früh am nächsten Morgen den von ihm gecharterten Hubschrauber besteigen. Es ist die einzige Möglichkeit, ein abgelegenes Camp der Nenets, der Ureinwohner dieser Region, zu besuchen. Straßen oder andere Verkehrsverbindungen gibt es nicht.

**Die Kinder verlieren schnell ihre Scheu vor uns.**

Ich bin sehr froh über diese Gelegenheit, es bringt Abstand zu den Problemen, vor allem für die Crew.

Das Leben auf dem Flughafen nimmt seinen gewohnten Gang. Fast verzweifelt halten wir nach irgendwelchen Militärfahrzeugen oder verschärften Kontrollen Ausschau. Aber nichts ist zu sehen oder zu spüren. Zum ersten Mal seit unserem Aufenthalt in der UdSSR konnten wir das Schiff verlassen, ohne daß uns eine Delegation von der Einwanderungsbehörde zahlreiche Papiere und Crewlisten abgefordert hätte. Wie wir später von Slava erfahren, der in der Zwischenzeit das Schiff bewacht, hat er von 7 Uhr abends bis spät in die Nacht mit einigen Beamten in Zivil Wodka getrunken. Papiere brauchte er nicht zu zeigen. Langsam festigt sich auch bei uns die Einstellung, daß »Moskau sehr weit weg ist«.

Der Flug mit dem Hubschrauber dauert ca. 45 Minuten. Zwischendurch landen wir kurz in einem Dorf, das zum autonomen Nenets-Distrikt gehört. Dort leben einige der Nenets, wenn sie nicht mit ihren Rentierherden in der Tundra unterwegs sind. Der Direktor des Dorfes steigt zu uns in den Hubschrauber und fliegt mit uns zu einem kleinen Camp. Schnell verlieren sich die wenigen Holzhäuser in der Weite der Tundra. Kleine Seen und Tümpel unterbrechen die baumlose Landschaft. Langgezogene Hügel und durch Frost hervorgerufene Muster im Boden fesseln unsere Aufmerksamkeit. Als wir landen und mit gesenkten Köpfen unter den rasenden Rotorblättern aus der Gefahrenzone rennen, sehen wir uns drei Zelten gegenüber: einem traditionellen Chum, das Ähnlichkeit mit einem indianischen Teepee hat, sowie zwei normalen Campingzelten. Froh, das Gedröhne des Hubschraubers hinter uns zu haben, gehen wir auf eine kleine Gruppe Menschen zu, die aus sicherer Entfernung das Herannahen des ratternden Ungetüms beobachtet hat. Der Direktor stellt uns in der Sprache der Nenets vor. Im autonomen Distrikt der Nenets wird sowohl Russisch wie auch die Landessprache gelehrt und gesprochen. Wir werden freundlich begrüßt, und man blickt mit einer Mischung aus Heiterkeit und Bewunderung auf unsere farbenfrohen Kleidungsstücke. Wir suchen uns zunächst eine ebene Stelle und bauen dort unsere Zelte auf. Außer Jura sind noch zwei weitere russische Freunde mitgeflogen: Lena, eine Journalistin aus Moskau, und Alek, ein Fotograf, ebenfalls aus Moskau. Es ist keine kleine Gruppe, die sich hier eingefunden hat, und ich habe einen Moment Angst, wir könnten die Menschen hier überlaufen. Aber die Sorge ist unbegründet.

Nachdem wir uns umgesehen haben, werden wir zu einem Tee ins Zelt eingeladen. Wir sitzen auf

165

dem mit Rentierfellen ausgelegten Boden im Kreis um einen eisernen Ofen herum. Zum Tee gibt es selbstgebackenes Brot und gekochte Blaubeeren. Die Frauen, die sich im Zelt befinden, sind zurückhaltend. Das Zelt bietet zwei Familien Raum. Die gesamte Außenwand des Zeltes ist mit Decken und Kissen ausgepolstert. Jede der beiden Familien beansprucht eine Hälfte des Chums. Der Herd wird von beiden benutzt. Es riecht nach Rauch und Tierhäuten. Obwohl es immer noch sommerlich warm ist, laufen die Kinder in Rentierstiefeln herum. Fellkleidung zählt auch heute noch zur Alltagskleidung. Teilweise kunstvoll bestickt und mit farbigen Bändern verziert, hängen Mäntel, Jacken und Hosen an dem Zeltgestänge.

Das Chum besteht aus massiver Leinwand. Es ist ein Sommerzelt. Bei einbrechendem Winter wechselt man die Leinwand gegen eine Zeltwand aus doppelt genähten Rentierfellen. Das Fell ist dabei sowohl nach außen wie auch nach innen gewendet. Nach einer Weile fordert man uns auf, nach draußen zu blicken. Auf einer der Hügelkuppen zeichnet sich ein wogendes Meer aus Rentieren ab. 2700 Tiere zählt diese Herde. Zwei Mann, die auch im Sommer auf dem leicht morastigen Boden der Tundra mit Rentierschlitten fahren, hüten die Herde. Vier Tiere haben sie vor je einen Schlitten gespannt, und mit einer langen Holzstange dirigieren sie die Tiere in die gewünschte Richtung. Die Schlitten gleiten erstaunlich schnell. Ich hatte davon gehört, daß man hier auch im Sommer Schlitten einsetzt, trotzdem kommt mir der Anblick sehr seltsam vor. Innerhalb nur einer halben Stunde ist die gesamte Herde vor dem Lager zusammengetrieben und lagert dort Tier an Tier. Einige Hunde laufen kläffend um die Herde herum und passen auf, daß keines der Rentiere ausbricht. Die Sorge scheint aber unbegründet. Man erklärt uns, daß sich die Hirten jeden Tag abwechseln und dann bei ihrer Arbeit vierundzwanzig Stunden am Tag auf den Beinen sind. Die Tiere werden jeden Tag in ein anderes Areal geführt, um zu verhindern, daß die Tundra an einigen Stellen kahl gefressen wird. Nach etwa zwei Wochen sind die unterschiedlichsten Gebiete erschöpft.

Dann packen die Nenets ihre Habseligkeiten zusammen und ziehen samt der Herde ein gutes Stück weiter, um ein neues Lager zu errichten und erneut für zwei Wochen ihre Tiere zu weiden. Sanftes Umgehen mit der Natur. Die spärlichen Ressourcen der polaren Landschaft werden geschont, so daß sich die Natur immer wieder regenerieren kann.

Mit großem Geschick fangen die Nenets mit einem Lasso frische Tiere aus der Herde, um sie vor die Schlitten zu spannen. Die Tiere, die bisher die Last gezogen haben, werden in die Herde entlassen. Das Einfangen ist nicht einfach, und wir erleben, daß die Tiere verhältnismäßig wild sind. Sie sträuben sich mit allen Mitteln gegen die Schlinge, und es bedarf zwei erwachsener Männer, um das Tier schließlich zu bändigen.

Wir gehen ein Stück vom Lager fort und laufen über die Tundra. Nach der See und der kargen Vegetation auf Franz-Josef-Land tut der Kontrast gut. Die Luft riecht würzig nach Moos. Blaubeeren und Pilze wachsen auf dem Tundraboden, eine beliebte Speise von Nenets und Rentieren gleichermaßen. Noch ist es tagsüber mit ungefähr 10 Grad angenehm warm. Abends hingegen sinkt die Temperatur bereits jetzt auf den Gefrierpunkt.

Im Lager sehe ich immer wieder jemanden aus unserer Gruppe etwas abseits mit einem Weltempfänger stehen, um Nachrichten zu hören. Die politische Lage scheint sich zuzuspitzen. Leningrad hat den Putschisten den Zuspruch verweigert.

Unabhängige Rundfunksender und Zeitungen sind landesweit geschlossen worden. In Moskau scheint die Gewalt zu eskalieren. Wenn Narjan Mar schon fernab des politischen Geschehens war, dieses Camp in der Tundra ist es erst recht. Wir fragen unsere Gastgeber, was sie über den Putsch denken. Sie wissen Bescheid über Gorbatschow und meinen, wenn er der gewählte Führer sei, dann dürfe man ihn nicht einfach stürzen. Aber mehr Interesse mißt man der Angelegenheit nicht bei.

Einige von uns üben sich mehr schlecht als recht im Lassowerfen oder sitzen mit den Nenets zusammen im Chum. Der Ort scheint so etwas wie ein Ruhepol zu sein. Fernab der Politik und auch der »Dagmar Aaen«. Es ist angenehm, in einem Zelt zu schlafen.

Der Hubschrauber bringt uns am nächsten Mittag in die andere Wirklichkeit zurück. Schnell entschwindet das Lager unseren Blicken, und die Menschen, von denen wir uns eben noch verabschiedet haben, gehen wieder ihrem Alltag nach. Slava erwartet uns mit Spannung an Bord. Sein vorher betrübtes Gesicht sieht entspannt und zufrieden aus. »Habt ihr schon gehört?« empfängt er uns. »Gorbatschow ist zurück.« Er habe am Flughafen in Moskau eine erste Stellungnahme abgegeben, und der Putsch sei niedergeschlagen worden. Gorbatschow habe der Bevölkerung der UdSSR gratuliert und gedankt, daß sie sich nicht vom rechten Weg habe abbringen lassen. Die Putschisten wären unter Arrest gestellt, und ihnen würde ein Prozeß gemacht werden. Wir blicken uns staunend und ein wenig ungläubig an. Slava wirkt, als sei er von einer tonnenschweren Last befreit worden. Unter Deck lese ich die Telexe, die während unserer Abwesenheit eingetroffen sind. Sie klingen sorgenvoll. Noch während ich lese, trifft ein neues Telex aus Hamburg ein. Ein triumphierender und spürbar erleichterter Holger schreibt, daß der Umsturzversuch gescheitert sei. Die drohende Gefahr, die Rückkehr in die politische Eiszeit, ist abgewendet. Wir fühlen uns erleichtert und erschöpft zugleich. Die ungeheure Anspan-

**Zur Feier des Tages wird ein Rentier geschlachtet und roh gegessen.**

167

**Duri hört im Navigationsraum die Deutsche Welle ab.**

**Mit großer Erleichterung hören wir, daß der Putsch gescheitert ist.**

nung ist von uns genommen. Im Fernsehen sehen wir, daß es Tote gegeben hat, einer der Putschisten hat sich außerdem durch Selbstmord der Gerichtsbarkeit entzogen. Ich überdenke erneut unsere Situation, bespreche mich mit der Mannschaft und per Telex mit Holger. Schließlich kommen wir zu dem Schluß, daß wir, wie ursprünglich geplant, nach Igarka fahren sollten, um dort das Schiff für die Überwinterung vorzubereiten.

Ich muß keine Kursänderungen vornehmen. Die Entscheidung, auf die ich mich vorbereitet hatte, ist mir durch den Lauf der Geschichte abgenommen worden.

Wir nutzen die Tage zum Entspannen, sprechen uns aus, um schwelende Konflikte zu beenden, und warten auf Misha, der uns in Narjan Mar mit einigen Freunden treffen will. Wir essen reichlich und halten uns viel an Land auf. Narjan Mar hat ungefähr 25000 Einwohner und ist erst 50 Jahre alt. Der Ort ist wie so viele russische Städte eine Mischung zwischen schönen alten Holzhäusern und abscheulichen Betonbauten. Die Versorgung mit Grundnahrungsmitteln ist gut, Luxusgüter sind entweder nicht zu bekommen oder für den Normalverbraucher unerschwinglich.

Die Expedition tritt für dieses Jahr in ihr letztes Stadium. Chris bereitet sich auf seine Abreise vor. Die Schmerzen in seinem Bein haben komischerweise nachgelassen. Die Probleme, die ihn zusätzlich bewogen haben, das Schiff zu verlassen, sind behoben. Vielleicht ist es einfach nur die Zeitdauer, sagt er zu mir. Ich verstehe ihn. Ich lade ihn ein, nach seiner Norwegenreise nach Bad Bramstedt zu kommen, um dort in Ruhe alles noch einmal durchzusprechen, und er willigt freudig ein. Wir gehen alle durch eine harte Schule. Auch Brigitte rüstet zum Aufbruch. Allerdings geht sie nicht aus freien Stücken, sondern weil sie zu Hause ihrer Arbeit als Architektin nachgehen muß. Sie ist ohnehin schon einige Wochen in Verzug. Die Reihen lichten sich langsam. Aber noch sind wir nicht in Igarka. Über 1000 Meilen sind es bis dahin. Aber schon sieht man an den Sträuchern die Laubfärbung. Die Tage werden kürzer und auch kühler. Der Sommer klingt langsam aus. Es wird nicht mehr lange dauern, bis es kalt wird. Wir müssen uns beeilen, daß alles rechtzeitig vor dem sibirischen Winter fertiggestellt ist.

Der letzte Abschnitt hat begonnen.

# Nach Igarka

Die Karasee
empfängt uns mit
einer frischen Brise.
Es ist naß und kalt.
Wir nehmen Kurs
auf die Jenissei-
Mündung.

Mishas Besuch in Narjan Mar endet genauso hektisch, wie er begonnen hat. Am Abend des 25. August trifft er zusammen mit einigen Freunden aus Rjasan mit einem zweimotorigen Charterflugzeug ein. Er bringt nicht viel Zeit mit. Bereits am Mittag des nächsten Tages muß er zurückfliegen und mit ihm Brigitte und Chris. Trotzdem ist es ein herzliches Wiedersehen. Das Wetter meint es an diesem Abend besonders gut mit uns. Es ist mild und warm, und zum ersten Mal auf unserer Reise feiern wir eine Deckparty. Misha hat frisches Gemüse mitgebracht, wir steuern Lachs, Wodka und selbstgebackenes Brot bei. Duri übernimmt für einige Stunden die Kombüse und bereitet einige Leckereien zu, die auch den verwöhnten Passagieren eines Musikdampfers gemundet hätten. Die Stimmung ist ausgelassen, die Last der vergangenen Tage abgefallen.

Es gibt viel zu besprechen. Misha berichtet uns über eine Expedition zum Nordpol, die er zusammen mit zwei Kanadiern und einem Amerikaner im kommenden Frühjahr durchführen will. Das Projekt stellt eine echte Pionierarbeit dar. Von der kanadischen Ward-Hunt-Insel aus wollen die vier auf Skiern zum Nordpol und zurück. Dabei wollen sie die gesamte Strecke ohne jegliche Unterstützung aus der Luft durchführen. Jedes Gramm Nahrungsmittel, jeder Zentiliter Brennstoff muß von ihnen für den Hin- und Rückweg mitgeschleppt werden. Ohne Hunde, die ziehen helfen, ohne Flugzeuge oder Fahrzeuge, die Depots für sie einrichten. Wenn es eine wirklich letzte große Herausforderung am Nordpol gibt, dann diese. Da die Last zu groß ist, um alles auf einmal zu tragen, werden sie ständig hin und zurück pendeln müssen, um die restlichen Ausrüstungsgüter nachzuholen. Eine unglaublich harte und langwierige Arbeit in dem extrem schwierigen Gelände des arktischen Ozeans. Wenn irgend jemand anders als Misha

mir von diesen Plänen erzählt hätte, ich hätte abgewinkt. Aber Misha und seinen drei Begleitern traue ich es zu. Für Misha und den Kanadier Richard Webber würde es das dritte Mal sein, daß sie zu Fuß den Nordpol erreichen.

Die Party geht bis spät in die Nacht. Die politische Situation ist Gegenstand langer und ausführlicher Gespräche. Die Erleichterung über die Niederschlagung des Putsches steht in den Gesichtern aller geschrieben.

**Hier in Igarka wird die »Dagmar Aaen« den Winter verbringen, bevor es im nächsten Jahr weiter Richtung Osten geht.**

Früh am nächsten Morgen um sechs stehen Misha und ich auf, um in Ruhe über den weiteren Verlauf der Reise zu reden. Der Winter steht vor der Tür, und wir müssen die Planung für die Überwinterung abschließen. Igarka, mitten in Sibirien am Jenissei gelegen, ist der einzige Ort, der für uns in Frage kommt. Dickson oder andere Hafenstädte entlang der Nordostpassage sind für uns dieses Jahr noch gesperrt. Warum, weiß eigentlich niemand. So haben wir uns für die Variante entschieden, auf dem Jenissei ins Innere Sibiriens zu fahren, um dort das Schiff für die Dauer des Winters aufzulegen. Gut 400 Seemeilen sind es flußaufwärts von der Mündung des Flusses bis nach Igarka. Hier hätten wir auch eine gute Ausgangsposition für Winteraktivitäten. Das Schiff würde wie bei den früheren Expeditionen als Basislager dienen. Ich bin gespannt auf diesen Ort in Sibirien. Aber ich habe auch zahlreiche Fragen bezüglich des Liegeplat-

zes der »Dagmar Aaen« während des langen sibirischen Winters. Die Temperaturen können bis auf minus 60 Grad Celsius sinken. Wenn im Frühsommer das Eis aufbricht, kommt es regelmäßig zu großen Überschwemmungen, in deren Verlauf das gesamte Eis den Jenissei hinuntergetrieben wird. Das Schiff muß gegen diese Flut und die driftenden Eisschollen geschützt werden. Die Versorgung der Wintermannschaft muß gewährleistet, Brennstoff in ausreichender Menge zum Heizen vorhanden sein. Wir kommen überein, daß Misha gleich nach seiner Rückkehr nach Rjasan Vorbereitungen für die Überwinterung trifft. Dazu wird er nach Igarka fliegen und dort auf uns warten. Die Behörden sind bereits informiert und haben ihre Zustimmung gegeben.

Um die Mittagszeit fahren wir mit dem Bus zum Flughafen und sehen zu, wie langsam einer nach dem anderen in das kleine Flugzeug einsteigt. Brigitte fällt es schwer, zu diesem Zeitpunkt zu gehen. Chris ist bewegt und sagt, daß er mich nach seiner Skandinavienreise in Bad Bramstedt besuchen will. Ich weiß nicht, ob er seinen Entschluß, uns zu verlassen, bereits bereut. Auf jeden Fall macht er keinen glücklichen Eindruck. Es wird wichtig sein, daß wir uns in wenigen Wochen einmal in Ruhe zusammensetzen und reden. Das Flugzeug hebt ab, und wir machen uns langsam wieder auf den Weg zum Schiff. Morgen soll ein Eislotse aus Murmansk kommen, der uns »sicher« nach Igarka geleiten soll. Es ist unserer Ansicht nach eine unsinnige Auflage, da auf dem gesamten Weg nach Igarka bei den diesjährig so günstigen Eisverhältnissen vermutlich kein einziges Stück Eis auftauchen wird und wir gerade die dramatischen Eisverhältnisse von Franz-Josef-Land und Spitzbergen gemeistert haben. Aber so will es die Bürokratie. Vorschrift ist eben Vorschrift. Und für uns gelten dieselben Bestimmungen wie für die Handelsschiffahrt. Mit der »Murmansk Shipping Company« habe ich einen Vertrag geschlossen, auf Grund dessen uns – natürlich gegen Valuta – für diese Etappe ein Lotse zur Verfügung gestellt wird.

Boris, Kapitän auf »Großer Fahrt« und Eislotse, trifft am nächsten Morgen ein. Er ist ein ruhiger Mann Anfang Fünfzig und selbst Segler. Meine Sorge, daß sich die Erwartungen eines Lotsen hinsichtlich der Unterkunft an Bord eines Schiffes mit den Gegebenheiten an Bord der »Dagmar Aaen« nicht decken könnten, stellt sich glücklicherweise als gegenstandslos heraus. Boris ist nicht anspruchsvoll und nimmt ohne Murren eine der »Kisten«, wie wir unsere Kojen nennen, in Beschlag. Er spricht zum Glück englisch, so daß wir uns unterhalten können. Und er hat viel zu erzählen. Schon nach dem ersten Tag ist er als Crewmitglied von allen aufgenommen. Auch äußerlich hebt er sich nicht mehr von uns ab. Da er selbst nur mit Halbschuhen und einer dünnen Windjacke bekleidet an Bord gekommen ist, habe ich ihm unsere Rerserveausrüstung zur Verfügung gestellt. Er geht vermutlich als der erste russische Eislotse in die Geschichte ein, der in farbenfroher Gore-Tex-Kleidung durch die Nordostpassage segelt. Er kennt die Passage wie seine Westentasche, und so profitieren wir viel von seinen Berichten. Er hat eine Vorliebe für Segelboote, auch für Abenteuer und die Arktis. Und noch etwas haben wir gemein: Beide haben wir Axel Czuday gekannt. Axel war 1977 mit einem kleinen, nur neun Meter langen Segelboot ohne Genehmigung in die Nordostpassage eingefahren. Trotz Schiffverkehr und militärischer Radarposten gelangte er unbemerkt bis nach Dickson in der Jenissei-Mündung. Dort erst bemerkte man ihn und brachte ihn auf. Freundlich, aber bestimmt hatte man kurzen Prozeß mit ihm gemacht. Samt »Solaris«, seinem kleinen Boot, lud man ihn auf ein Frachtschiff und setzte ihn fünfundzwanzig Seemeilen vor der norwegischen Küste auf offener See wieder ab. Der Kapitän dieses Frachters war unser Boris. Boris sagt, man habe Sympathien mit dem »verrückten Deutschen« gehabt, durfte sich das aber natürlich nicht anmerken lassen. Nachdem zusätzlich auch noch der Flußlotse an Bord gekommen ist, verlassen wir Narjan Mar mittags am 27. August um 13.00 Uhr. Es ist die letzte Etappe, zu der wir in diesem Jahr aufbrechen. Das Wetter ist mild und sonnig. Wir verbringen die meiste Zeit an Deck und genießen die wärmende Sonne. Das erstmals aufflammende Nordlicht gibt uns einen Hinweis auf die geographische Breite. Die See ist erwartungsgemäß eisfrei.

Boris ist arbeitslos, aber gut gelaunt. Er findet sich mit an Deck ein und geht stundenweise Ruderwache. Wir finden beide Zugänge zur Karasee eisfrei vor. Bei nordöstlichen Winden muß man hier immer mit Eis rechnen. Boris entscheidet sich für die nördliche Passage, die Kara-Straße. Die Jugorskistraße liegt weiter südlich, aber sie ist dafür auch enger und leichter verblockt. Wir haben damit die Barentssee hinter uns gelassen und befinden uns in der Karasee. Erst bei der Annäherung zum Jenissei schlägt das Wetter um. Ein frischer Südwind baut in dem flachen Mündungsgebiet eine kurze, hohe See auf. Wir werden noch einmal kräftig durchgeschüttelt. Von einem Lotsenversetzboot übernehmen wir zwei Flußlotsen. Damit sind wir jetzt insgesamt 3 Lotsen und 8 Crewmitglieder an Bord. Ein ungewöhnliches Verhältnis. Auch die beiden Flußlotsen kommen so leicht bekleidet an Bord, als würden sie auf der Brücke eines Frachters stehen: in Halbschuhen, Windjacke und dünnen Hosen. Dabei regnet es heftig und beharrlich. Da unsere Reserveausrüstung bereits an Boris vergeben ist, müssen sich die beiden die Regenkleidung mit ihm teilen. Wir haben auch nur noch eine Koje frei, da die anderen schon mit Ausrüstung vollgestopft sind. Die beiden Flußlotsen arbeiten und schlafen umschichtig. Die Kleidung wandert von einem zum anderen. Dabei brauchen wir eigentlich weder einen Eislotsen noch die beiden Flußlotsen. Eis gab und gibt es derzeit ohnehin nicht, und der Jenissei ist breit und tief und für ein Schiff wie die »Dagmar« kein Problem. Wäre da nicht die Bürokratie…

Der Jenissei ist ein mächtiger Fluß. Zu beiden Ufern breitet sich die Tundra aus. Erst nachdem wir den Ort Dudinka passiert haben, geht die Tundra langsam in die bewaldete Taiga über. In diesem Bereich ist der Fluß bereits enger geworden, so daß wir Einzelheiten am Ufer ausmachen können. Die Laubfärbung hat bereits eingesetzt. Von der Sonne angestrahlt, leuchten die Wälder in zarten Pastellfarben. Es duftet nach Wald. Kaum zu glauben, daß bereits in vier Wochen tiefer Frost herrscht und alles unter einer dichten Schneedecke verborgen liegt.

Tag und Nacht läuft die »Dagmar Aaen« unter Maschine flußaufwärts. Gelegentlich überholen uns Frachtschiffe. Vereinzelt stehen kleine Hütten am Ufer, hin und wieder eine kleine Siedlung. Ansonsten ist das Land urwüchsig und leer – ein Naturparadies.

Das Wetter hat sich gebessert, so daß der leidige Kleiderwechsel unserer Lotsen ein Ende genommen hat. Um 5.30 Uhr am 3. September taucht hinter einer Flußbiegung Igarka auf. Um 6.15 Uhr sind wir an einem Schwimmponton fest. Angekommen!

# Das Winterlager

Die »Dagmar Aaen« im Hafen von Igarka. In wenigen Wochen setzt der sibirische Winter ein.

Auf den ersten Blick unterscheidet sich Igarka nur wenig von Narjan Mar und anderen Orten, die wir auf unserer Reise gesehen haben. Baufällige Mietshäuser säumen die Straßen, auf denen verbeulte Busse und museumsreife Autos verkehren. Aber an diesen Anblick haben wir uns inzwischen gewöhnt. »Straßenfallen« wie fehlenden Kanaldeckeln oder Schlaglöchern weichen wir schon automatisch aus. Die Stadt zählt ca. 25000 Einwohner. Die Monotonie der Mietshäuser wird hin und wieder durch schöne alte Holzhäuser unterbrochen. Der Ort zieht sich am Fluß entlang und lebt von der Ausfuhr der sibirischen Hölzer. Tag und Nacht werden russische Frachtschiffe mit Baumstämmen beladen, um sie devisenträchtig ins Ausland zu transportieren.

Wie verabredet erwartet uns Misha in Igarka. Zusammen mit drei Uniformierten kommt er an Bord, um den formellen Teil abzuwickeln. Die Abfertigung dauert keine fünf Minuten und verläuft in betont freundschaftlicher Atmosphäre. Wir werden in Igarka willkommen geheißen. Keine Auflagen oder Verhaltensregeln, die uns eingrenzen. Man ist einfach nur freundlich und hilfsbereit.

Kurze Zeit später trifft der Bürgermeister ein, um uns, auch im Namen der Kommune, herzlich zu begrüßen. Er bietet uns seine Hilfe in allen Belangen an und lädt uns für den Abend zu einem Essen ein. Besser kann es nicht laufen. Während eines Saunabesuchs können wir uns von der Reise entspannen und über das weitere Vorgehen beraten.

Das Schiff muß winterfest gemacht werden. Und der Winter in Igarka hat es in sich! Minus sechzig Grad sind keine Seltenheit. Das ist eine schwer vorstellbare Kälte. Während der Nordpol-Expedition hatten wir 1989 minus zweiundfünfzig Grad gemessen. Die Kälte war von einer Aggressivität, wie ich sie noch nie zuvor erlebt habe. Materialien verändern unter der Einwirkung ihre Eigenschaften. Metall wird brüchig, Kunststoffe zersplittern wie Glas, und Fleisch gefriert innerhalb einer Minute. Noch ist das Wetter sommerlich warm. Wir laufen in T-Shirts und kurzen Hosen herum und genießen die lauen Abende. Aber in nur drei bis vier Wochen wird Dauerfrost herrschen. Die Tage werden rapide kürzer, und der Verkehr auf dem Fluß erstarrt im Eis.

Wir werden nicht nur einen sicheren Liegeplatz für die »Dagmar Aaen« suchen müssen, sondern zugleich Vorbereitungen treffen, daß die Navigationselektronik und der gesamte technische Bereich keinen Schaden nehmen.

Während des gesamten Winters werden Leute auf dem Schiff wohnen. Für sie muß besonders gesorgt werden. Das Schiff muß in allen Abteilungen geheizt werden. Ein umfangreiches Arbeitsprogramm erwartet uns.

Am Abend genießen wir das beste Abendessen, seit wir Norwegen verlassen haben. In Igarka scheint es alles zu geben. Und das auch noch preiswerter als in Moskau. Misha ist erstaunt darüber. Trotz der langen Transportwege ist die Versorgungslage bedeutend besser als anderswo im Lande. Dem Restaurant angeschlossen ist ein Tanzsaal, in dem eine Band aufspielt. Die Menschen sind ausgelassen und fröhlich. Wir werden zum Tanzen aufgefordert und genießen die entspannte Atmosphäre. Der Enge des Schiffes zu entfliehen ist jedem von uns ein Bedürfnis geworden.

Am nächsten Tag beginnt die Arbeit. Während ich zusammen mit Misha mit den Hafenbehörden wegen eines Liegeplatzes verhandle, wird die gute »Dagmar« von der Crew in ihre Bestandteile zerlegt. Und davon gibt es eine ganze Menge. Die gesamte Navigationselektronik samt Antennen wird demontiert und im Mittschiff in einer Koje gelagert. Dieser Raum ist ständig bewohnt und geheizt und stellt damit den sichersten Aufbewahrungsort dar. Schlauchboot, Ultralight, Außenborder, Faltboote und andere Teile wandern an Land in eine Garage, die wir gemietet haben. Die Segel werden abgeschlagen, Stützen für den Baum gezimmert, der Schmutzwassertank gereinigt und die Winterausrüstung an Deck parat gelegt. Rainer verschwindet im Maschinenraum und bereitet die Hauptmaschine, den Dieselgenerator sowie den Wassermacher auf die Frostpartie vor. Diesel wird umgepumpt, um ihn mit Frostschutzmittel zu vermischen. Die Öfen und der Herd werden zerlegt und gründlich von Ruß und Fettspritzern gereinigt. Die Tauchausrüstung wird im geheizten Vorschiff untergebracht und der Proviantbestand aktualisiert. Das Schiff ist eine einzige Baustelle.

Währenddessen haben Misha und ich die Frage des Liegeplatzes geklärt. Die »Dagmar Aaen« wird zusammen mit anderen Schiffen zu einer Art »Wohngemeinschaft im Eis« zusammengeschlossen. Der Hafenkapitän spricht von »Karavans«. Sobald sich Eis auf dem Fluß bildet, werden die Schiffe etwa zwanzig Meter vom Ufer entfernt hingelegt, um dort endgültig einzufrieren. Das Eis wächst schnell zu einer Stärke von einem Meter. Während der gesamten Frostperiode ist eine Arbeiterkolonne damit beschäftigt, das Eis um die Schiffe mit Sägen und Äxten zu lockern. Das Schiff wird zusätzlich von Land aus mit Strom versorgt und bei Bedarf auch mit Winterdiesel für die Öfen. Man merkt den Leuten die große Erfahrung im Umgang mit Schiffen und Eiseskälte an.

Langsam gewinne ich den Eindruck, daß die »Dagmar Aaen« bei Eisgang im Kieler Hafen gefährdeter wäre als hier.

Kurz nach dem Eisaufbruch etwa Mitte Mai setzt regelmäßig eine gewaltige Flut ein, die den Jenissei um ca. 18 Meter ansteigen läßt. Das ist ein kritischer Zeitpunkt. Rechtzeitig vor dem

**Wir laden unser Gepäck auf einen Lastwagen und fahren es zum Flugplatz. Mit der Filmausrüstung sind es stolze 550 Kilogramm!**

179

**Eine russische Bäuerin betrachtet neugierig die Neuankömmlinge.**

Eintreffen der Flut werden alle Schiffe und Schwimmkräne in einen geschützten Seitenarm geschleppt und dort bis zum Ende des Hochwassers belassen. Anfang Juni ist wieder alles beim alten. Der Fluß ist eisfrei und hat seinen normalen Pegel erreicht. So ist es jedes Jahr. Ich glaube, wir konnten keinen besseren Platz für die Überwinterung finden.

Natürlich sind wir Stadtgespräch von Igarka. Aber man merkt der Stadt und seinen Bewohnern an, daß es sich um einen Seehafen handelt. Die Menschen sind an Seeleute gewohnt, wenngleich wir auch die ersten westlichen Besucher sind. Der Kontakt zur Bevölkerung ist – wie schon so oft vorher – sofort hergestellt. Slava muß ständig die Fragen der Besucher und unsere Antworten übersetzen. Er findet keine Minute Ruhe. Wir werden in das Stadtleben integriert und eilen von einer Einladung zur anderen. Die Menschen haben Zeit zum Feiern. Streß scheint für sie ein Fremdwort zu sein. Gastfreundschaft ist für sie oberstes Gebot. Unser Besuch stellt für sie eine Abwechslung dar, und sie sind begierig, mehr über unser Leben zu erfahren. Vorurteile fallen, und manches Zerrbild wird zurechtgerückt. Wie üblich werden diese neuen Freundschaften mit einem gehörigen Quantum Wodka besiegelt. Ob man mag oder nicht – ständig wird das Glas wieder aufgefüllt und ein neuer Trinkspruch ausgebracht. Die üblichen Souveniers wie Wimpel und Anstecknadeln werden ausgetauscht. Die Freundlichkeit und Offenheit der Menschen überwindet alle Sprachbarrieren. Wir fühlen uns einfach wohl.

An Bord wird es zunehmend ungemütlicher. Es herrscht Aufbruchstimmung. Gerade jetzt ist die Funk- und Telexverbindung nach Deutschland zusammengebrochen. Wichtige Informationen wegen unserer Rückreise kommen nur bruchstückhaft bei uns an. Alles befindet sich in Auflösung. Während ich im Vorschiff sitze und die letzten Zeilen für dieses Buch schreibe, packen Duri und Nabil ihre Filmausrüstung zusammen. Es ist ein mordsmäßiges Gepäck.

Zeit, um ein Fazit zu ziehen? Für mich ist es zu früh. Ich stecke noch mittendrin in den Erlebnissen. Wenn ich auf die hinter uns liegenden Monate zurückblicke, kommt es mir vor, als hätte ich das alles nur geträumt. Gewiß kein leichter Traum.

Ich glaube, jeder kennt das Gefühl: Man wacht morgens auf, und jede Einzelheit des Traumes ist präsent. Ein Traum, der voller Spannung und Erlebnisse war und der einen auch ein wenig ins Schwitzen geraten ließ. Ein Erlebnis, das real war, einen völlig in seinem Bann gehalten. Wir brauchen ein wenig Zeit zum Wachwerden, um zum Alltag zurückzufinden. So fühle ich mich im Moment. Ich bin, um ehrlich zu sein, auf angenehme Weise ein wenig abgeschlafft.

Die Enge auf dem Schiff, das Miteinanderumgehen, stellte für uns die größte Herausforderung dar. Kleinigkeiten wie zum Beispiel die Zusammenstellung des täglichen Speiseplans erregten gegen Ende der Reise häufig die Gemüter. Der Wunsch nach frischem Obst und Gemüse und auch Luxusgütern oder auch nur einer heißen Dusche wurde für einige geradezu übermächtig. Obwohl Slava sich nach Kräften bemühte, Raimers Platz in der Kombüse zu ersetzen, gelang ihm das nur teilweise. Zwar schmeckte sein Essen gut, aber er ist eben kein professioneller Koch. Zu Beginn der Reise wäre dies sicherlich kein Thema gewesen, zum Schluß hingegen wurde es als Kritikpunkt angeführt und sein freiwilliger Einsatz mit keiner Silbe gewürdigt. Slava mußte ein schweres Erbe antreten. Was zu Beginn der Reise als selbstverständlich und ohne Murren hingenommen wurde, war zu diesem Zeitpunkt Anlaß ständiger Diskussionen. Worte wurden auf die Waagschale geworfen. Die Sensibilität jedes einzelnen hatte zugenommen. Die Lust am Abenteuer und die Bereitschaft zum spartanischen Leben hatte ganz einfach nachgelassen. Aber mag auch manche Auseinandersetzung Wunden geschlagen haben, ich glaube nicht, daß Narben nachbleiben. Für mich als Skipper und Leiter der Expedition war es mitunter nicht immer einfach, die Sorgen und Nöte der Crew zu verstehen. Ich habe dazugelernt. Für die Mannschaft war es umgekehrt sicherlich auch nicht immer einfach, meine Sorgen nachzuvollziehen, die sich häufig nicht um bordinterne Dinge drehten, sondern um verwaltungstechnische Probleme, Genehmigungen, finanzielle Fragen usw. Eine Expedition besteht eben aus vielen Bereichen. Wir haben darüber gesprochen, und ich glaube auch, daß wir uns gegenseitig verstanden haben. Wir können miteinander sprechen und uns dabei in die Augen blicken. Es ist so, wie ich auf der Pressekonferenz in Hamburg gesagt habe: »Das größte Abenteuer findet in unseren Köpfen statt.« Alle werden wir viel Stoff zum Nachdenken mit nach Hause nehmen. Und wenn wir allen Schwierigkeiten zum Trotz in Igarka eingetroffen sind, dann ist das zuallererst der Verdienst aller Beteiligten. Keineswegs nur unser Verdienst, sondern gerade und besonders auch der Freunde, die uns in Hamburg, München, Bad Bramstedt oder Rjasan betreut haben. Die sich mit uns gefreut, aber auch mit uns gebangt haben. Auch das muß von jedem an Bord verstanden werden. Wir sind letztendlich das ausführende Organ gewesen, aber ohne die Arbeit der anderen wären wir niemals von Wewelsfleth losgefahren. Und um so mehr sind wir all denen und besonders auch einem Unternehmen wie Gore zu Dank verpflichtet, die solch ein Projekt ermöglichen.

**Ein naturgegebener Eisschrank.**
**Um ihre Fleischvorräte kühl zu lagern hat man einfach eine Höhle in den Permafrostboden gegraben.**

181

Die »Expeditionscrew« besteht aus mehr als nur der Bordgemeinschaft. Um es mit den Worten des legendären britischen Seglers Bill Tillmann zu sagen: »Much if not all depends on the crew.«

Und es ist ja nicht nur die Expedition, die in den letzten Monaten Wirklichkeit geworden ist. Wir haben den ganzen Sommer über einen intensiven Jugend- und Sportleraustausch zwischen Deutschland und der UdSSR gepflegt. 20 russische Jugendliche hatten die Möglichkeit, in Bad Bramstedt und Umgebung drei Wochen lang in deutschen Familien mit gleichaltrigen Kindern zu leben, um den deutschen Alltag kennenzulernen. Ein Gegenbesuch ist für das nächste Jahr geplant. Sechs weitere russische Jugendliche verbrachten 10 Tage in Hamburg, während im Gegenzug eine Gruppe deutscher Tennis-

spieler in Rjasan an einem Tennisturnier teilnahm. Im Juni nahmen zwei Jugendmusikorchester am internationalen Musikfestival in Bad Bramstedt teil. All diese Aktionen waren ein voller Erfolg und werden in den nächsten Jahren auf jeden Fall fortgesetzt. Eine Arbeit, die weder medienträchtig ist noch gar Schlagzeilen macht. Wir halten es für wichtig, den Kontakt und das Verständnis zwischen den Völkern zu wecken, ohne dabei immer auf die Politiker zu schielen. Eigeninitiative ist gefragt.

ICESAIL tritt nun in eine Winterpause. Zumindest ruht die »Dagmar Aaen«. Auf uns wartet viel Arbeit. Die nächste Etappe nach Alaska und

**Zusammen mit Russen machen wir uns auf die Suche nach Pilzen und Beeren.**

**Wir genießen die sonnigen Herbsttage in der sibirischen Taiga.**

von dort aus weiter, muß geplant werden. Den ganzen Winter über wird es verschiedene Leute geben, die auf dem Schiff aushalten und den sibirischen Winter hautnah erleben werden. Vielleicht können wir im Frühjahr eine Ski-Expedition unternehmen. Vieles ist möglich. Vieles ist geplant. Das kommende Jahr wird bestimmt nicht langweiliger. Im Juni des kommenden Jahres werden wir Igarka verlassen und Richtung Kap Tscheljuskin segeln, der Schlüsselstelle der Nordostpassage. Regelmäßig ist das Kap von dichten Packeisfeldern verblockt. Selbst große Schiffe gelangen häufig nur mittels der Hilfe von Eisbrechern hindurch. Hier eine Lücke zu finden, wird für uns und die »Dagmar Aaen« die erste große Prüfung in der nächsten Etappe darstellen. Weitere Risiken und Schwierigkeiten im Eis erwarten uns. Es ist geplant, den nächsten Winter in Alaska zu verbringen. Danach werden wir die Inselkette der Aleuten besuchen und anschließend über die Nordwestpassage wieder Richtung Europa segeln. Damit hätte sich der Kreis geschlossen. Aber das ist noch Zukunftsmusik. Das Eis ist unberechenbar und nimmt auf keinen Zeitplan Rücksicht.

In den 139 Tagen, die wir seit Auslaufen aus Wewelsfleth unterwegs sind, haben wir 7400 Seemeilen zurückgelegt. Und trotzdem stehen wir erst am Anfang der Reise. Denn das Abenteuer ICESAIL hat gerade erst begonnen.

# Die Ausrüstung
## der »Dagmar Aaen«

**1. Hauptmaschine**
3 Zylinder Callesen
Diesel Typ 425 CO 180 PS
bei 500 Umdr. auf Verstellpropeller
2 angehängte Lichtmaschinen
2 angehängte Lenzpumpen/
Feuerlöschpumpe

**2. Hilfsdiesel**
Typ Fischer Panda
12 KW Dieselgenerator mit 220/380 Volt

**3. Wassermacher**
Sea Recovery SRC 400 AF
(Umgekehrte Osmose)

**4. Transportable Notlenzpumpe**
**mit Benzinmotor**

**5. 3 Deckslenzpumpen**

**6. Elektronische Ausrüstung**
4 Trockenbatterien à 200 Ah
1 Ladegerät 220 V
Landanschluß
Stromversorgung 220, 380 und 24 V

**7. Navigationsausrüstung**
Furuno Radar FR 8031 D
Furuno GPS GP 500
Magellan GPS
Furuno Loran LC 90 MK II
Furuno Echolot FMV 603
Furuno Wetterfax FA 208 A mit Navtex
Navstar Transit 2000
AP Navigator
Sextant Plath Classic
Sextant Freiberger Yachtsextant
Künstlicher Horizont
Ferngläser Steiner Comander II 7 x 50
2 Taschenrechner mit
Navigationsprogrammen
SEL Globus 2000 GPS

Kompasse:
alter dänischer Schiffskompaß
Silva Steuerkompaß
Silva Peilkompaß Typ 80
Silva Kompasse Typ 15, 5 Stk.
Silva Windmeßanlage Typ 40
Barometer
Windanemometer
Thermometer
Schleuderthermometer
Schiffsuhren/Armbanduhren Citizen

**8. Nautische Bücher**
Nautisches Jahrbuch, Gezeitentafeln,
Eisatlas, deutsche, englische, kanadische
und amerikanische Seehandbücher,
Funkdienst I - III, Leuchtfeuerverzeichnis,
diverse Fachbücher über Wetterkunde,
Seemannschaft, Navigation, Funk,
etc., Seekarten

**9. Funkausrüstung**
Hagenuk Skanti TRP 7000 KW Seefunk-
anlage einschl. Amateurfunkfrequenzen,
ausgerüstet mit Telex Modul und Laptop
mit integriertem Drucker
Furuno UKW Handfunkgeräte,
3 Stck. FM 55
Sailor UKW RT 2048

**10. Sicherheitsausrüstung**
Survivalanzüge Dry Fashion Gore-Tex
Secumar Rettungsweste Typ 15 Bolero
Sicherheitsgurte
2 Rettungsringe mit aufblasbarer
Kadematik Mark I
Markierungsboje
Hand-/Suchscheinwerfer
1 Rettungsinsel Viking 12 Personen wie
bei Handelsschiffen üblich, aber extra für
arktische Gewässer ausgerüstet:
enthalten sind zusätzlich Wärmedecken,
Benzinkocher mit Topf und reichlich
Brennstoff, Cathay (Pemmikan), Kaffee,
Tee, Seenotverpflegung etc.;
diverse Seenotsignale,
zusätzlich Signalpistole samt Munition,

Handfunkgerät, Magellan GPS Empfänger,
Bolzenschneider, Feueräxte, Feuerlöscher,
Flex, Brecheisen, Schweißgeräte,
Lecksegel etc.;
ferner gibt es 2 Kettensägen
(eine elektrisch , eine mit Benzinmotor),
um das Schiff aus dem Eis heraussägen
zu können.

## 11. Bekleidung:
Berghaus Tango Extrem Gore-Tex
Fliespullover und Hosen mit dem
Gore-Windstopper von Salewa
Unterwäsche
Meindl Gore-Tex Bergstiefel
Gummistiefel
Asics Sportbekleidung und Laufschuhe
Ziener Gore-Tex Handschuhe
Berghaus Fäustlinge Gore-Tex
diverse Handschuhe aus Fliesmaterial
Mützen Gore-Tex
Strümpfe Faserpelz Helly Hansen

## 12. Sonstiges
Rucksäcke Berghaus Cyclops II Aztek
Schlafsäcke Ajungilak Tyin
2 Zelte Salewa Sierra Grande
1 Zelt Salewa Sierra Nevada
5 Paar Skier Authier
Bergseil, Eisschrauben, Steigeisen,
Pickel etc.
2 Klepper Aerius I Expeditions Faltboote

## 13. Tauchausrüstung
Dräger Werke Lübeck für 4 Personen
Atemluftkompressor Bauer Utilus
Trockentauchanzüge Nokia
Vollgesichtsmasken mit integrierten
Lungenautomaten
Lungenautomaten Dräger vereisungssicher
Flaschen Stahl 10 l
ABC Ausrüstung
Messer Puma
Uhren Citizen
Tauchcomputer
Tiefenmesser, Kompaß

## 14. Schlauchboot Lomac mit GFK Boden
Außenborder Yamaha 25 PS

## 15. Flugboot Polaris
Aus der Kombination Schlauchboot
und Ultralight Flugzeug ergibt sich das
Flugboot Polaris
Startbahn: 80 m,
Kapazität: 2 Personen,
max. Geschwindigkeit: ca. 80 km/h

## 16. Heizung:
Vorschiff: Reflex Dieselofen mit
separatem Tank
Mittschiff: Reflex Dieselofen
mit Warmwasserkreislauf in den
Navigationsraum
Dieselherd Dickinson Atlantik mit
Backofen
Achterschiff: Heizkörper vom Dieselofen
Mittschiff sowie vom Kühlwasserkreislauf
der Hauptmaschine

## 17. Sanitär
Albatros Pump WC
Fäkalien/Schmutzwassertank
Frischwassertank 450 l in Verbindung
mit Druckwassersystem

## 18. Lenzsystem
Das Schiff ist in drei wasserdichte
Segmente unterteilt.
Jede Abteilung kann über 4 verschiedene
Pumpen mit jeweils eigener Lenzleitung
gelenzt werden. Selbst wenn drei
Leitungen verstopfen sollten, bleibt eine
immer noch frei, da Pumpen und Systeme
unabhängig voneinander arbeiten.

## 19. Anker
2 Stockanker mit 90 m Kette
1 Bügelanker mit 150 m Trosse
1 Handankerwinsch
1 Nirowinsch Mittschiffs als Berge- und
Warpwinsch vorgesehen

## 20. Werkzeug

Das Schiff ist mit allem Werkzeug ausgerüstet, das irgendwie Verwendung finden könnte. Dazu gehören ein Autogen Schweißgerät, elektrische Werkzeugmaschinen für Holz- und Metallverarbeitung sowie ein umfangreiches Ersatzteillager.

## 21. Fotoausrüstung Leica

M6 Kameras mit Brennweiten von 35 mm - 90 mm
R4 und R6 Gehäuse mit Brennweiten von 19 mm - 400 mm

## 22. Erste Hilfe

In Zusammenarbeit mit Ärzten sowie dem Roten Kreuz zusammengestellt: vom Aspirin bis zum Zahnbesteck sowie künstlicher Beatmung und Tropf ist alles vorhanden. Vor Antritt der Reise ist die gesamte Crew entsprechend geschult worden.

## 23. Proviant:

Trekking Mahlzeiten (gefriergetrocknet), Fa. Schultheiss
Cathay (Pemmikan), Metzmacher
Grundnahrungsmittel für insgesamt
7 Monate
Amway Nutrilite Riegel
Amway Vitamin-Kautabletten
Amway Reinigungsmittel

## »Dagmar Aaen«

1931 auf der N. P. Jensen Werft in Esbjerg für den dänischen Reeder Mouritz Aaen gebaut. Er benennt das Schiff nach seiner Frau.

| | |
|---|---|
| Länge: | 18 m (ohne Klüverbaum) |
| Breite: | 4,80 m |
| Tiefgang: | 2,60 m |
| Baumaterial: | 5,5 cm Eichenplanken auf Eichenspanten |
| Deck: | Oregon Pine |
| Mast: | Douglas Fichte |
| Segel: | 1 Klüver, 1 Fock, 1 Großsegel mit drei Reffreihen, zusätzlich ein Trysegel und eine Sturmfock. Die Segel sind aus Dacron und wurden von der Segelwerkstatt Stade gefertigt. |

Der Umbau zum Expeditionsschiff fand auf der dänischen Werft Skibs & Badebyggeri in Nybol Nor, Dänemark, statt. Abschlußarbeiten wurden auf der Peterswerft in Wewelsfleth durchgeführt.

# Danksagung

Folgenden Personen, Unternehmen und Institutionen möchte ich meinen besonderen Dank sagen:

Fa. W. L. Gore für das vertrauensvolle und partnerschaftliche Verhältnis. Besonders herausheben möchte ich Astrid Bockstette, die eigentlich schon mit zur Expeditionscrew gehört.

Consensus Nova, allen voran Holger, Astrid und Elke, ohne deren rastlosen Einsatz ICESAIL niemals auf den Weg gegangen wäre.

Dem sowjetischen Konsulat in Hamburg, besonders Herrn Grigorjev für seine wohlwollende Unterstützung.

Desgleichen dem Auswärtigen Amt Bonn für seine Hilfe und Unterstützung.

Dr. Mikhail Malakhov und seiner Organisation Centre Pole, ohne die ICESAIL immer ein Traum geblieben wäre.

Besonders nennen möchte ich Wassili, Jura, Lena, Juri, Evgeni, Arkadi, Dimitri, Nina, Olga, dem Piloten Alek, den Funkamateur Slava, dem Direktor der Telekommunikation Jura und den beiden Journalisten Lena und Alek.

Ich bedanke mich ganz besonders herzlich bei allen Sowjetbürgern, die uns mit einer beispiellosen Gastfreundschaft aufgenommen haben. Wir haben viele neue Freunde dazugewonnen.

Der unermüdlichen Truppe, die den Jugendaustausch organisiert haben. Allen voran Sophie Ellerbrock, Sönke Schlüter, Hartmut Böttcher und natürlich Elke Stappert.

Rolf Becker, der immer da war, wenn man ihn brauchte.

Tommi Hansen und Christian Jonsson, die die »Dagmar Aaen« in einen expeditions- und eistauglichen Zustand versetzt haben.

Detlev Löll und Jarek, die entscheidend dazu beigetragen haben, daß das Schiff rechtzeitig fertig wurde und daß alles am rechten Platz sitzt.

Horst Ellerbrock für die Hilfe beim Umbau der »Dagmar Aaen«.

Der Fa. Amway für ihre Unterstützung.

Willy Kahl für die Elektroinstallation.

Egon Fogtmann für seine tatkräftige Unterstützung.

Der Segelwerkstatt Stade, allen voran Jens Nickel, für die hervorragenden Segel.

Der Peterswerft, namentlich Herrn Breuer, für die freundliche Aufnahme und Unterstützung während der Bauphase.

Niels Bach für die Tips und Empfehlungen.

Dem Sport- und Technologieversicherer ALBINGIA für die Bereitschaft und die Offenheit, auch unkonventionelle Unternehmungen abzusichern.

Der Versicherungsmaklerei Griebel & Spahn, insbesondere Herrn Brox für das entgegengebrachte Vertrauen sowie die Vermittlung.

Der Fa. Ferropilot für das ausgezeichnete Equipment.

Der Fa. SEL für die Überlassung des GPS-Navigationsgeräts.

Fa. Asics Tiger für die Sport- und Freizeitbekleidung.

Berghaus, insbesondere Frau Kalmus, für die hervorragende Gore-Tex-Bekleidung sowie die bewährt gute Zusammenarbeit.

Salewa für die sich bestens bewährende Gore-Windstopper-Bekleidung sowie für Zelte und Bergsportartikel.

Fa. Dry Fashion für die hervorragenden Trockenanzüge.

Fa. Meindl für die ausgezeichneten Bergstiefel, die wir bei Wind und Wetter auch an Bord getragen haben. Ich kenne keine besseren!

Fa. Ajungilak für die Schlafsäcke.

Fa. Silva für Kompasse und Windmeßanlage.

Fa. Dräger für das Tauchequipment.

Citizen für die Expeditionsuhren.

Secumar für die Schwimmwesten.

Der Fa. Leica für die Fotoausrüstung.

Fa. Schultheiss für die schmackhafte Expeditionsnahrung.

Josef Metzmacher für das Cathay.

Dr. Reinhold für die medizinische Beratung.

Dem Bundesamt für Seeschiffahrt und Hydrographie, besonders Herrn Strübing.

Der Redaktion Sports, besonders der Fotoredaktion für ihre Geduld, dem NDR, der Yacht sowie Volker Herzig und Peter Brunner von der Bild.

Besonderen Dank sei Reinhard Postelt von Radio Hamburg gesagt.

Dem Verlag Kiepenheuer & Witsch für das Vertrauen, insbesondere Frau Dr. Matthaei, die das »verlegerische Abenteuer« betreut und realisiert hat.

Marion Böttger, die von uns niemals loskommen wird.

Peter Liepelt und Monika Meuser für die Luftaufnahmen.

Last, but not least der Crew der »Dagmar Aaen«, die es so lange mit mir ausgehalten hat.

Abschließend sei all den vielen Helfern Dank gesagt, die nicht alle genannt werden können oder wollen, ohne die ICESAIL aber auch nicht möglich geworden wäre.

ICESAIL ist das Produkt vieler Köpfe und Hände. Ihnen allen fühle ich mich tief verbunden.

# Fotonachweis

Archiv Fischereimuseum Esbjerg
Seite 14/15

Peter Brunner
Seite 109, 110, 112, 113, 115, 116

Brigitte Ellerbrock
Zeichnungen: Einband vorne und hinten,
Seite 22/23, 74, 92, 144/145
Fotos: Umschlag hinten, Seite 107, 133, 146

Arved Fuchs
Umschlag vorne, Seite 18/19, 24/25, 27, 28,
38/39, 41, 44/45, 71, 73, 75, 76, 78/79, 81, 82,
88/89, 93, 97, 98, 118/119, 125, 128, 132, 141,
143, 147, 151, 152, 163, 164, 167, 172/173,
176/177, 179, 181, 182,

Manfred Horender
Seite 13, 40, 50/51, 53, 56/57, 59, 60, 64,
66, 68/69, 70, 72, 84/85, 87, 90, 91, 94, 95, 96,
99, 100, 102, 104/105, 121, 122, 127, 130/131,
134, 135, 136/137, 138, 139, 140, 142, 148,
149, 155, 156, 158/159, 161, 165, 168, 170/171,
180

Peter Liepelt
Seite 62/63

Stefan von Stengel
Seite 30/31, 36, 65

Sports
Seite 46/47

# MUSIK, DIE ZUM POL FÜHRT

# ICE SAIL

## DIE CD · MC · LP ZUR
## ARVED FUCHS EXPEDITION

## MUSIC PERFORMED
## BY VISION FIELDS

BMG
BMG ARIOLA
MUENCHEN GMBH

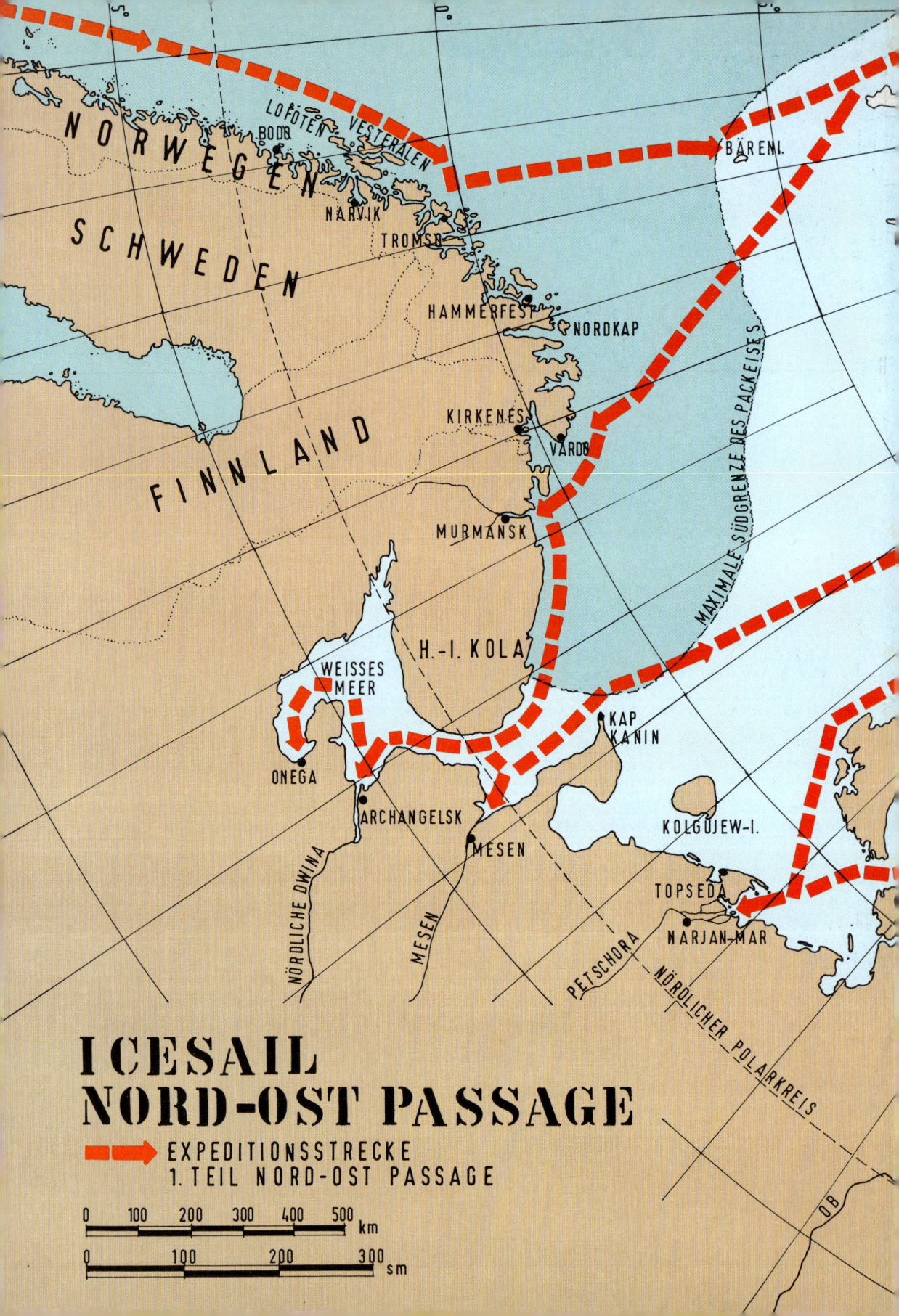